SHODENSHA
SHINSHO

栗田 勇

化のキーワード

やまと言葉

祥伝社新書

本書は、ＮＯＮＢＯＯＫ愛蔵版「日本文化のキーワード」（一九九三年刊）を新書化したものです。

まえがき

私は、日本の国際化は、今や第三段階に入ったと考えている。

第一段階とはいうまでもなく、外国のことをもっと知ろう、欧米に追いつき追いこせだった。

第二段階は、日本のことを、もっとはっきり欧米の世界に知らせようだった。

そして今、その世界の壁は一挙に崩れ落ちて、境界なき世界の前で、日本は茫然《ぼうぜん》と立ちすくんでいる。だからこそ、今や私たちは、あらためて、日本とは何かを問い直さねばならなくなった。それが第三段階である。

どこに向かって問いかければよいのか。じつは、どこでもない、「われらの内なる日本」を問い直すときだと、私は考えている。

どのようにして、何を手掛かりに日本を考えるのか。途《みち》はいろいろある。
しかし私は、このいわく言い難《がた》い、この日本人の本音《ほんね》の謎を解くために、二千年を超えて、絶えることなく用いられてきた日本の基本語、「やまと言葉」から、七つの言葉を取り上げた。

いま、日本語の乱れ、揺れが、危機感をもって叫ばれている。それは、世界が激しく動いていること、また私たちが、日本人とは何か、日本文化とは何かを、あらためて必死で問い直している証《あかし》でもある。

日本文化は、よく、わかるようでわからないといわれる。

その答えを、私も生涯かけて、今までさまざまな道をたどって、探ってきた。

そして年月の変化のうちにも、これだけは変わらないという、カチリとした手応《てごた》えを得た。それはわれらの内なる、しかし言葉にならない、輝ける宝庫である。

その神秘な宝庫の扉を、七つの言葉のキーを用いて開き、その精髄を、心ゆくまで読者諸兄に味わってもらいたい。

平成二十二年初春——世田ヶ谷　而今《じこん》庵にて

栗《くり》田《た》勇《いさむ》

目次

目　次

目次

一、〈ありがとう〉ということ

日本語が乱れているというのは本当か

言葉は風景のようなものだ。いや、山や野に咲く生きた花畠のような気もする。種子は同じでも、時と場所によって、咲かせる花はちがう。

たとえば今、東京・新宿には高層ビルが林立して、まるで未来都市のように見える。戦後、新宿駅西口がまだ闇市《やみいち》の時代に、私は、フランス文学科の学生だったが、詩を書こうとして駅前マーケットの間をほっつき歩いていたから、今日の街の風景を見ると、まったく隔世《かくせい》の感がある。

本当にバラック建築つづきのごった煮《に》の街で、混乱をきわめていたが、しかし一種の活気があった。戦争の暗い時代から解放されたということで、文学や芸術には、自由が沸騰《ふっとう》していた。しかし、アメリカ軍の占領下にあって、言葉には米語スラングが氾濫していた。

そうした混乱の一時期ののち、朝鮮戦争を境に、また、だんだん世の中が静まり、しだいに日本の社会も姿を整えていった。

かくて今や、新宿の空を見上げれば、忽然《こつぜん》として夢のような東京都庁をはじめ超高層ビルが立ちならび、ビルの谷間を、朝晩通勤の人々の列が埋めている。まことに、夢か現《うつつ》かという想いがする。

その間に私たちの日本語も変わった。これは当然のことだ。世の中が変わり都市ができれば、文明の、こうした風景が出現する。人間の生活も変わる。ビル街ができれば歩き方も違ってくるし、ファッションも変わるというものだろう。人間の生活が変われば言葉も変わる。当然話し方も違ってくる。人それぞれの考え方も、環境によって変わっていくことであろう。

このごろ、日本語が乱れている、敬語が目茶苦茶だ、外来語のカタカナが多すぎる、若者の変な造語がさっぱりわからない、日本語はこの先どうなるんだと、よく話題になる。たしかにそういう気がしないでもない。だが、本当にそうだろうか。

ここで、正しい言葉とは一体何だろうと、もう一度考えてみる必要がある。もし正しい言葉というものが、一つだけはっきり定まっているのであれば、たしかに、皆がそれだけを使えば用は足りることになる。

たとえば水を飲みたいということを言いたいとき、意味が伝わりさえすればいいのであれば、「水が飲みたい」という言い方が一つあれば充分だ。しかし、現実はどうだろうか。そんな簡単なものではない。

人間の生活や心は限りなく豊かだ。そこで言葉にもひねりをかけようとする。「あぁ、水が飲みてぇな」とか「喉《のど》がからっからだ」とか、なぜか一本調子の言い方から外《はず》してみたくなる。

とくに、若者は言葉の冒険をすることで自己主張をしたり、目立ちたがる。また、自分たちの遊び心や、グループの仲間意識などを満足させようとする。

若者ばかりでない。職人さんなども、自分たちの職業の特色を表わすために、言葉にひねりをかけることがままある。

正しい言葉というものは、たしかにあるはずだ。しかし、実際に生活のなかで言葉が活《い》きているのは、ひねりをかけて、そこからちょっと外した姿である。だから、逆に活きている言葉は、正しい言葉の外側にあるともいえる。

その造ったおもしろい言葉、ひねった言葉、隠語《いんご》などが活きているということは、逆にいうと、ひねっているということを、皆が意識しているわけだ。つまり、正しい言葉のあり方を、じつは知っているということになる。

したがって、私は日本語の行《ゆ》く末《すえ》について、それほど心配していない。いろいろと若者が造語する。ハイティーンやローティーンが携帯電話やメールでカチャカチャやっている。それはやはり言葉遊びをして、言葉の感覚を磨いている、あるいは自分の個性を主張しているのだともいえる。

しかし、逆にいえば、正しい言い方というものが意識されているから、それができるわけだ。それがなければ、言葉は通じなくなってしまう。

だから、活きている言語、ビビッドな生の言葉というのは、遠心力と求心力がはたらいている。その両端の間を揺れ動いている。緊張感で人にアピールしているわけである。

言葉の機能化が進む現代

しかし、現実にはたとえば「人から何かしてもらったら、『ありがとう』と言うこと」という具合に、言葉をたんなる機能、道具として使うという風潮のほうが強い。

とくに戦後の話し方教育は、「ありがたい」という言葉一つを取り上げても、言葉の世界をたいへん貧しくしてしまった。

サービス業においては、言葉までマニュアル化が進んでいる。

現代は、管理社会というか組織化された社会である。そのため、言語も、より機能的な面が要求されているのは確かである。

たとえば、航空パイロットの言葉は、みな英語だ。全世界の空で、英語らしきものでやり取りされている。しかし、これはもはや本来の英語とは別の、国際航空語とでも言うべき言語であろう。

そこでは少々発音が悪くても、イントネーションが悪くてもかまわない。操縦に必要なこと、それだけを正確に伝えていればよいのである。ことは乗客の命にかかわる。単純明快な、有効性のある、インターナショナルな新しい航空地球語というようなものが、出来上がっている。

また、ビジネスや、国際間の取引の言葉にしても、何はともあれ国際化した言葉で、万国共通のお金のやりとりをしてもうけたい。そのための機能をすみやかに果たしたいという世間の要求は、最近たしかに強くなっている。

その点で日本語は、とりわけニュアンスの深い言葉だから、不都合が多い。そこで、なおのこと機能化の要求が強くなってきている。

ただし、じつは日本語はやさしい、語順とか文法があいまいなだけフレキシブルだから、会話は楽だという話もある。

ともあれ、すべての言葉が会社の受付電話のように機能化・マニュアル化されて、それだけが正しい言葉だというのは、いかにもさびしい。会社やビジネスで訓練された言葉を身につけても、家に帰ると、夫婦間の会話も子どもとの会話もできないということも、いずれ起こってくる。

たしかに、簡単に役に立つという言語の機能を軽視することはできないが、そればかりに重きを置く今日の風潮は、日本人の言葉を貧しくしている。いや、生活の内容さえ貧困にしかねないのである。

こうした、近頃の風潮は、私には、何やら言葉というものを、たんに意味を右から左へ運搬するための道具としか考えていないように思われる。しかし、それはビジネスという、ごく限られた一部の分野でのみ有効な考え方であって、人間生活全体に当てはめるべきものではない。

だからこそ、もっと全体の場というもの、人間の生活や、コミュニティというものを掘り下げ、言葉を一つの文化全体の中に位置づけるというこだわりを持つ必要がある。

自分本来の「声」とは何か

ところで、これまで日本では、言葉といえば書かれた文章、とくに歴史的な古文書についての研究は進められてきたが、話しことばについては、あまり問題にされてこなかった。記録できなかったという理由もある。

しかし、話しことばというのは、文章に移す前の言葉の本質と深くかかわっている。つまり、話しことばには、人間の肉体が、そのまま裸で出てくる。文化が生きている。

私たちは人と話すとき、自然に話しているつもりで、その自分の声を本来の声、地《じ》声《ごえ》だと思っているが、はたしてそうだろうか。たしかに、そこまでいちいち考えて話してはいない。自由な会話らしくみえる。

しかし、実際には見栄とか照れとか、流行とか利害関係など、いろいろな夾雑物《きょうざつ》が入っているのではないだろうか。

私自身いつも思うのだが、本当に素直な気持ちで、人に向かって自分の真実を正確に、内容も声も「これが俺だ」という話をしているだろうか。

これはひじょうに深い、人間の生き方にまでかかわってくる問題である。何よりも、みてくれ、虚栄心がある。それを捨てる必要がある。

私は、いまも文章を書くのが仕事だが、中学生のころから詩を書きはじめていた。はじめは西条八十《さいじょうやそ》の真似《まね》のような詩を書いた。散文の文章でも、まだ高校生のころは、うまい文章を書いていた。つまり意味がよく通る、人が読んでわかりよい、無駄のない、正しい文章を書くことを心がけていた。いわゆる「作文」である。

ところが、しだいしだいに、これは作りものだ、自分の本音は何だと、自分自身に問い掛けてゆくと、本音は何かということが気になってきた。

そして、考えて反省してみると、上手な文章は、みてくれの文章だ。読まれるために細工をしている。それが正しい文章だろうか。

また、外国人と商売でもする場合は別として、本音で話すとき、人はいちいち、正しく、わかりやすくということを考えているだろうか。それは真赤なウソではないか。

その意味で日本語の会話なんて、いいかげんなものだ。しかし、そのわかりやすくはないが本音で語られている言葉こそが、その場では、いちばん正確なのだ、と思えるようになった。

そこで最近では、方言を大切にする気運も生まれてきた。標準語だけが正しい言葉というのも、どうもおかしいのではないかという反省が生まれてきた。

方言が、ひじょうに大切なのは、それぞれの地方のコミュニティの、文化的なキャラクターそのものだからだ。歴史・文化の積み重ねから生まれた風土の美しさ、同じコミュニティにいる喜びというものを確認しあうという点で、方言はひじょうに豊かな絆《きずな》である。

だから、方言というのは、それだけむずかしいところがある。つまりニュアンスがひじょうにデリケートで、よその文化風土で育った人がいくら方言を真似しようとしても、なかなか真似できるものではない。

したがって方言にも、美しい方言と、人が真似した借り物の妙な方言とがある。これははっきり区別すべきだ。何でもかんでも方言がいいというわけにはいかない。そこがおもしろいところである。

ひるがえって、最後のコチンとした腹にすわった手応《ごた》えで言葉を探す、そして自分自身の本音にたどりついたところを文章にする。これは相当に修行しないと、とうてい不可能なことである。

オペラ歌手などの歌は、人間の声とは思えぬほど、じつに朗々と自由に、全身から声が出ているようにきこえる。しかし、私たちがカラオケなどで歌を歌うと、これが自分の本当の歌声だと満足できることはほとんどない。うまく歌うほど人真似《ひとまね》になる。

そう考えると、オペラ歌手が声を訓練するというのは、特別な声を作り出すのではなく、結局は、持って生まれた自分の地声に到達するため、これがもうぎりぎりの自分のすべてなのだといえるような、個性的な自分の声を発見するための訓練だともいえる。

邦楽でも同様である。謡曲ではよく声を潰《つぶ》すなどと言うが、これも、われわれがふだん使っている声は借り物にすぎないから、本当の揺るぎない自分の声を鍛えるということであろう。

別の声を作るということではなく、自分自身の声を発見するという行為ではないか。

したがって、それは、たんに喉《のど》の声帯の問題ではなく、心構え、身体の鍛練、生き方というところまで深くなってゆかざるをえないのである。

つまり、本当の自分の声というものは、仏教でいうところの「我執《がしゆう》」があるかぎり出てこない。言葉では、なおさらそうである。

たとえば「ありがとう」と言うのでも、そう言えば相手がどの程度喜ぶか、などという打算が少しでもある以上、「ありがとう」は通じない。

「ありがとう」と言ったときに、じつは相手一人に対する謝礼だけではなく、その中に自分が入り込む、言葉と肉体が一体となった境地が、求められているのである。

「言霊《ことだま》」ということ

もともと、日本では言葉はたんにコミュニケーションの道具だけのものではなかった。

日本では、昔から言霊《ことだま》という言葉があった。言霊というと、何か古めかしい迷信のように聞こえるが、これは日本文化の謎をひもとく一つの重要な手がかりである。「ありがたし」という言葉は、もともと、なによりも神を讃《たた》えるときに用いられたという。そのことからも明らかなように、言葉が意味を伝えるだけでなく、言葉それ自体に霊力があり、目に見えぬ実在であるという根深い信仰がある。言葉それ自体が物理的な力であると考えられたために、祝詞《のりと》や言祝《ことほぎ》、弥栄《いやさか》などが、古代の日本では、祭儀と生活の中心として用いられていたわけである。

つまり、言葉が霊力を持つ、言葉が物質的現実を変える力を持っているという考え方が日本の古代から生きていた。万物に共通の生命があるというアニミズムと相通《あい》ずるものである。この考え方からすると、人間が言葉を道具として使うなどと言うことは、はるか後世、ほんの百年ほどしかない近代的な考え方なのである。

本居宣長《もとおりのりなが》も、そういうところを突っ込んでいる。先ほど触れたように、人間が考えるということ、ものごとを識別するのは、すべて声に出さなくても、ものの名や言葉によるわけだから、もともと言葉がなければ、人間にとってものを認識したり、自分のまわりの環境との関係を作りあげたりすることはできない。つまり、ものごとは存在しないのと同じである。

人間が先か言葉が先かという考え方は二つあるが、もし言葉が先という立場に立つならば、言葉によって現実が生まれるということができる。

たとえば、「自由」という言葉がなければ、私たちは今日言っているような意味での自由という理念を知ることはできない。したがって、そういう生き方も、民主主義国家も、現代世界もない。そうしたことも含めて、言葉そのものが生き物だという考え方は、古代から日本人のなかに強く生きているのである。

仏教では、真言陀羅尼《しんごんだらに》というものがある。真言密教では呪文《じゅもん》のように言葉を唱えている。その呪文は仏《ほとけ》を表わす符号ではなくて、その呪文自体が仏そのものであり、仏の力をもって世界を変えるのだと考えられている。陀羅尼というインド語を漢訳したのが真言である。陀羅尼は、古くインドのバラモンの聖句に源を持っている。

つまり、言葉自体に霊力が宿るという考え方は、何も日本に限ったことではない。キリスト教でも「初めに言葉（ロゴス）ありき」という。道教では「道」と書いて、タオとかドウとかいい、「いう」とも訓《よ》む。これは宇宙の根源的原理である。

音声になる以前の全身的な言語

私たちは、言葉というものは舌や喉《のど》で出すか、せいぜい頭で考えるものと思っているが、実際もっと深く考えてみると、たとえば喉が渇いてお茶を飲みたいと思った瞬間に、言葉になる前から、言葉になろうとしているものがあるわけだ。そのあとで、初めて意識に上ってきて「お茶を飲みたい」という言葉が出てくる。

つまり、音声になる以前の全身的な言語というものがある。それが大事だ。言葉という全身的な状態のなかに人間がおかれているわけである。

ということは、言葉を交わすという行為において、本当に音声化されているのはごく一部であって、それ以前に、その人間のあり方や生き方、手振り身振り、目の色などに、すでに、周囲の状況、さらに歴史的な背景となった、過去・現在、そして未来とのかかわりが生まれ、それがすべて、じつは一体となって、その一言に表われているということができる。

今日では、フランスの最新の哲学でも、そこまで言葉というものを深く考えるのが常識になってきた。それがすでに日本古代の「言霊」や仏教の「真言」、道教の「道《どう》」として深く考えられていることとの共通点を考えあわすと、じつに興味深いものがある。

「やまと言葉」に秘められた日本人の心

ところで、日本人の心の故郷、もっとも深いところで心をひらくキーワードといえば、まず「ありがとう」が挙げられる。

外国人でさえ、真先《まつさき》に覚える日本語は「ありがとう」である。これが今では、すっかりたんなる符丁《ふちょう》になってしまっている。

関東では「ありがとう」の代わりに、「どうもどうも」とも言う。放送やジャーナリズムといった、言葉を使う業界ではほとんどそうだ。それでも、言わないよりはいい。

しかし、仮に「ありがとう、ありがとう」と言っても、深い感謝の心の表現というよりも、せいぜいコミュニケーションの潤滑油にすぎなくなっている。その潤滑油的機能すら、もうどんどん消えつつあるように思える。

日本人の好きな言葉というのは、どちらかというと漢語系ではなく、やまと言葉系である。やまと言葉というのは、万葉時代からわれわれの生活実感の中で活きてきた言葉だ。言葉というものは、四六時中使っていなくても、何か大事なところは胸の中にあって、その外側の遠心力のところでさまざまな変化を起こしているものである。

たとえば、NHKのアンケートでも「好きな言葉は」と聞かれると、原則に戻って「ありがとう」という言葉などが、第一に返ってくる。

紀貫之《きのつらゆき》が『古今集』の「序」で、「やまと歌は（唐詩《からうた》とはちがって）人の心を種《たね》として、よろずの言《こと》の葉《は》とぞなれにける」といっているが、これが日本で、やまと歌、やまと心、やまと言葉についてはっきり語った最初であろう。

ここで「心を種」とし、その種子から植物の芽が萌《も》え出《い》でて茂るように「言の葉」と「なれり」ということだが、この言い廻しに注意したい。観察した事柄をテーマとして、言葉を道具として使って言い表わすとはいっていない。心が、よろずの言の葉と、なった。心と言の葉は、はじめから一体のものとして語っていることである。

日本には、古代から漢字が中国から入ってきたが、その漢字を、「音《おん》」「訓《くん》」をたくみに混ぜあわせて、「万葉仮名《まんようかな》」と呼ばれる方法で、日本語を根本から覆《くつがえ》すことなく取り入れたのは、日本人の天才である。

しかし、平安時代以前の公文書や文芸は漢詩であった。漢文学の素養は、仏教の教養とならんで上流階級に欠くことのできないもので、この潮流は、江戸時代まで続いた。

ここで生まれ用いられた漢語や仏教語は、今でも数多く生きている。しかし、やまと言葉の底流は、とくに生活感に密着して変わることなく生きつづけた。

ここで、また日本人は世界でも稀《まれ》にみる天才的な発明をした。それは、漢文を中国語としてでなく、引っくり返して日本流に読み下す方法である。そのため、「レ」「一、二」などという「返り点」を用いた。さらに送り仮名といって、片仮名を字の右脇に小さく入れるという芸まで工夫した。

これで、中国の文章を、すらすらと日本語読みする、いわゆる漢文読み下し文という「文語調」の「唐様《からよう》」の文体が生まれた。

ひら仮名の誕生と日本語

ひら仮名が、漢字を崩し略字化して生まれ、また片仮名が、漢字を分解して作られたことは、よく知られている。

ひら仮名は、この後、日本独自の音標文字（表音文字）として漢字まじりで使われることになって、今日に及んでいる。

一方、片仮名は、主に漢文を読み下したときの補助の音標として、外来の文体によく使われた。

近ごろ、外来語の片仮名が街に溢《あふ》れていると嘆く人が多い。しかし、先日テレビで、ある国語学者の語を聞いていたら感心した。

片仮名は外来語を、日本語から区別するための装置としてはたらいている。それは漢文読み下し文以来のことだ。だから、欧米語がひら仮名に取り入れられないかぎり、よそ者だとの前提で、区別されている証拠だというのである。

日本語は、じつに巧妙に、外来の漢文、漢字を、日本語とその表記の本筋を狂わすことなく生活に取り込んだ。今また、西欧語は片仮名で日本文字化しているといえる。

その百年ほど前、明治維新で、外国の近代文明・文化とともに、西欧思想二千年来の欧米語が奔流のように流れこんだときも、やまと言葉を一方で温存しておきながら、ほとんど中国の漢籍から取った漢字を組み合わせて、翻訳語をつくってしまった。

自動車、汽車、哲学、形而上学《けいじじょうがく》、自然科学などと、いわば「毒を以《もっ》て毒を制す」

といったらいいすぎだが、やまと言葉の古い意味をこわさずにおいて、外来語の漢字と片仮名で処理するという、巧《たく》みとも、ずるいともいえる方法を用いた。

ところが、本家の中国では、漢字の改良で、自国の古い漢字が読めなくなったり、ハングル文字で漢字の伝統と縁が切れた朝鮮半島の人々が、いま困っているときに、日本語と日本文字は、複雑なようだが、きわめて柔軟に対処している。

だから、やまと言葉は、長い歴史と風土を養分として生きぬいてきた、日本人の心の大地のようなものである。

好きな言葉、日本人の心に訴える言葉というと、誰しも、大切なものを引出しの奥からそっと出すように、やまと言葉を出してくるのである。

「ありがとう」もそんな言葉の代表選手である。

お遍路さんの「ありがとう」にこめられた思い

こういう例がある。先日テレビを見ていると、四国八十八カ所の霊場巡礼のお遍路さんが、何カ月もかかって旅をして、最後の八十八番目のお寺に辿《たど》り着いたとき、老若男女みんなが「ありがとうございます」と、お互いに手を合わせて涙を流していた。

お大師さんに向かって言うのならわかる。ところが、自分の隣にいる同行《どうぎよう》のお爺さん、お婆さんに向かって、誰かまわずお互いに「ありがとうございます、ありがとうございます」と言いあって合掌し拝んでいる。

私は、これは日本人の「ありがたい」という心情がよく表われている光景だと思う。

今まで無事にここまで来られたというのが「ありがたい」、それから弘法《こうぼう》大師さんの境地に自分も達せられたのも「ありがたい」、しかし、同行の人たちのお蔭でもある。それがまた「ありがたい」。

私たちには見なれた風景だ。観音巡礼でなくても、たとえば、若者たちの集団スポーツでも、こうした風景はよく見られる。駅伝にしても女子バレーでも、最後のシーンは、みな同じだ。どういうわけか、「ありがとう」とお互いに言いあい、肩を抱きあって涙を流している。当たり前のようだが、よく考えてみると不思議でもある。

みんなで人間を超えたものに共同でコミットして、そこに一体化した空間、体験ができた。そのことに対する気持ちが自然に出て、誰が誰にということなく、「ありがとう」という言葉が口をついて出る。仲間にも「ありがとう」、それから応援者たちに対しても「ありがたい」である。

そこでは、もうほとんど人間の存在、心情が言葉と一体化している。そういうところで、「ありがたい」という言葉が出てくるところに、日本人がこの言葉の中に、どれだけ多くのものをかけているかということが表われていると思うのである。

「ありがとう」の本来の意味とは

では、日本人がとくに大切にする「ありがとう」という言葉には、どんな深い思い入れがあるのか考えてみよう。

私たちが「ありがとう」と言うのは、他人に感謝するときばかりとは限らない。たとえば初日の出を拝《おが》んだとき、思わず「ありがとうございます」と口をつくような心情がともなっている。日本語の「ありがとう」は、感謝の念を伝える機能を果たしているだけではない。

そこで辞書を引いて調べると、はたせるかな「有り難し」というのがある。そのようなよいことに出あうことが滅多にない、文字どおり、「有る」ことがむつかしいということである。この世に滅多にないほど素晴らしいものというのが語源なのだ。

それでは、滅多にないほど素晴らしいものとは何だろうか。国語学者の新村出《しんむらいずる》氏によると、それは神や仏など、人間を超えたものにめぐり会えた時のその喜びなのだという。いわば宗教的な心情なのである。

民俗学者の柳田国男《やなぎたくにお》は、この「有り難い」をもっと煮つめて、本来は神を讃《たた》える言葉だったと述べている。滅多にないこと、この世にあるとは思われないほど素晴らしいこと、神を讃えるところから起こって、やがて神から与えられる恩寵《おんちょう》に対しても「有り難い」というようになったのだという。

いずれにしても、日本人の場合、「ありがとう」と言うときに神仏や大自然、太陽などに対する畏《おそ》れと喜びというものが基本にあったわけである。

少なくとも鎌倉時代以前は、人と人との間のお礼の言葉ではなく、人間わざを超えた、神仏のお恵みに対して「あら、ふしぎなことよ」と讃えた。それが「ありがたし」だった。じつは、西欧の感謝の言葉にもこうしたニュアンスはある。フランス語の「Merci メルシイ」、イタリア語の「Grazie グラツィエ」は、ともに神の恩寵《おんちょう》、恵みを讃える言葉が、そのまま生き残っている。

そう考えると、人から物をもらったり、よいことをしてもらったとき、「ありがとう」と言うのは、じつは、相手の人がありがたく偉いのではない。そこを間違えてはいけない。そういう恵みをもたらしてくれた第三者の神仏のお計《はか》らいに対して、もっとゆるやかにいうなら、そういう宿命のなりゆきが「ありがたい」のである。

その証拠にと柳田氏は書いている。

伊《い》豆《ず》大島《おおしま》の人は、物をもらったとき「トウテヤナ＝貴《とうと》いことだ」といい、また神仏や日の出を拝むときにもいう。

東北、秋田の北部でも、男は「トドゴザル＝貴《とうと》うござる」、女は「トドゴザンス」というのが神仏を拝する言葉で、また人にお礼を言うときにも用いるという。

それが室町時代以降、江戸時代に入ってだんだんと、今日のように感謝の意味にしぼられるようになったのだという。

「かたじけない」から「ありがとう」へ

　ではそれ以前、感謝の意を表わすときは、どういう言葉が使われていたのだろうか。これは辞書によると「かたじけない」という言葉が使われていたという。

「かたじけない」というのは、相手に対して、または高貴な者に対して自分は卑《いや》しい、恐れ多い、恐縮するという意味である。つまり、とくに神仏に限らず、自分に過ぎた利益を与えられることに対する喜びの表現だった。

　しかし、「かたじけなし」にしても、何かしてもらったこと、利益を得たことに対する即物的な感謝というよりは、その相手に対して自分を低くする、あるいは素直な気持ちになるという姿勢がこめられている。それが「かたじけない」の真意である。

　その「かたじけない」に代わって、専《もっぱ》ら神仏のありがたさをいうときに使われていた「ありがたし」が、人間対人間の、感謝の気持ちの表現にも使われるようになってきた。

その理由としては、しだいに神仏の影が薄くなってきたせいもあるだろう。今日、何か人にしてもらって、「ありがとう」といったとき、神仏のお蔭と思う人は少ない。

しかし、いざ、先ほど述べたように、お遍路や巡礼、はげしい極限的なスポーツ、また災厄や危機一髪といった限界状況からのがれたとき、それを乗り越えたとき、誰にともなく、日本人の口をついて出る「ありがとう」「ありがたい」には、はるか古代からの神聖なるものへの畏敬の念が、思わず顔をのぞかせているのである。「ありがとう」と叫んだとき、ふだんは気にもしていない神仏の懐《ふところ》に抱かれているようなぬくもりを感じるのである。ここに、日本人の心の奥底をひらくカギがある。

しかし「かたじけない」に代わって、「ありがとう」がよく使われるようになったのは、やはり「かたじけない」という言葉を支えていた身分関係が薄れてきたこと、また敬語に限らず感情を表わす言葉は、一方では簡略化しながらも、一方では表現力をいっそう大きくしようとする作用がはたらいていることが考えられる。

その結果、神仏に対して用いられていた「ありがたし」が、目上、あるいは同僚の間で、さらに目下の人に向かっても用いられるようになっていった。

江戸文化の洗練された照れかくし

だが、どうも「ありがたし」は、人にお礼を言うには少しオーヴァーだという気分が今に尾を引いているようである。それだけ、神仏崇拝の感覚が残っているのだろうか。

実際、「ありがとうございます」と言うとき、いつも手を合わせて「ああ、神様」とやるというのもちょっと面映《おもは》ゆい。それほど大袈裟《おおげさ》でなくてもいいのではないかと、江戸時代の人は考えたらしい。やたら生真面目に「ありがたい」とばかり言っているのも照れ臭い、それこそ有難みがなくなるというわけである。

そこでちょっとひねりを加えて「有り難山《がたやま》」などと、意味のない「山」をつけた洒落《しゃれ》た言い方をしたりしている。

さらには、「有り難山の鳶烏《とびからす》」というシャレ言葉もあった。もちろん鳶烏はなんの関係もないのだが、これも一種の照れかくしである。人と話すときでも「ありがたい、ありがたい」とばかり言うのも重すぎていやらしい。ここは軽くいきたいと考えた。その点、江戸文化というのは、相当に洗練されたものだった。

むやみに神仏をありがたがって、何でもかんでも「ありがたい、ありがたい」を乱発する人のことを「有り難屋さん」などとからかう言い方もしている。

「ありがたい」というお礼に対する江戸人の照れは、相当のものだった。ちょっと拾っても、数々ある。

〈有難《ありがた》いか鮃《ひらめ》か〉たい＝鯛を、ひらめにかけた洒落《しゃれ》だ。「コリャ有《あり》がてへかひらめか」と使う。

〈有難いの浜焼き〉「これはこれは、有難いの浜焼きで、一杯飲みかけ出にまっち山」という具合で、いやはや、当時の真面目な人は、言葉の乱れをさぞ嘆いたことだろう。

的中した柳田国男の予言

「ありがとう」をさらに強調するときには、「どうもありがとう」となる。上方《かみがた》では「大《おお》きにありがとう」が「おおきに」となった。また「だんだん」というのは、「重《かさ》ねがさねありがとう」というところからで、明治以後に始まったと、柳田国男はいっている。

その柳田が、「いまに東京でも『どうも』だけで片づけるようにならぬともかぎりません」といっていたのが、この予言が見事に的中して、いまや「ドウモ」、または「ドウモ、ドウモ」と二重がさねがはやっているのを見ると、言葉の動きの法則性が、何ともおそろしいようである。

しかし、言葉は変わり、ひねり、ねじりをかけて用いられるが、その心は変わらない。こうした江戸人の洒落《しやれ》や、てれもいい「ありがとう」というやまと言葉の重み、貴《とうと》さを無意識に感じているからこその、てれではないか。

つまり、今日、感謝の意味で使っている「ありがたい」という言葉には、神仏あるいは人間を超えた巨《おお》いなるものに対するひじょうに深い畏敬の念がこめられていた。

ただ日本人は、それを四角四面に言うばかりではなく、生活の中で温存しながら、ちょっと洒落てみたり、またはちょっとひねってみたりして使ってきたわけである。

その意味で、これはなかなかニュアンスと幅のある言葉でもある。

こうなると、あだや、おろそかに、言葉を道具には使えない。エレベーターに乗ったら「サンキュー」と言うように、何でもかんでも欧米人のように「ありがとう」を連発するのが正しい敬語だといわれても、日本人なら口が重くなるのも道理である。

その底の改まった気持ちのほうへ、もう一度戻って考えてみよう。

心から、人間を超えたものを前にした気持ちで「ありがたい」と叫ぶとき、人は自分の枠《わく》を忘れている。そのとき人は、言葉と一体化して、本音で裸の心に戻っている。日本人なら、そんな時があることを、「ありがたい」というとき、よく知っている。

「ありがたい」ことを、わが身に受けるには、やはり、その巨《おお》いなる神仏の心にかなうよう、「あるべきよう」にあらねばなるまい。

何も道徳くさいことをいっているのではない。四国のお遍路でも、スポーツでもいい、困難を乗り越え、我を忘れ、ひとつになって汗と涙のなかで「ありがとう」と合掌し、また肩を叩きあうとき、「ありがとう」という言葉が、人々を包みこんでいるのである。

「阿留辺幾夜宇和《あるべきようわ》」の境地

その「あるべきようわ」を、人間の生き方を示す唯一の教訓だと言った人物がいる。

ふつうの人間が自分自身になりきるということは、じつはなかなか、むずかしいことで、人はいつも本当の自分はどこか別にいて、いま現在、仮の姿で生きているようなものである。この反省は、現代に限ったことではない。

京都栂尾《とがのお》の高山寺《こうざんじ》に明恵《みようえ》上人という人がいた。この人物は、鎌倉の新仏教の時代にあって、奈良の仏教、華厳宗《けごんしゆう》を再興した碩学《せきがく》で、大学者、理論家である。その明恵上人が、ただ一言これが大事だと言っているのは次の言葉である。

「人は『阿留辺幾夜宇和《あるべきようわ》』という七文字を保つべきなり」と。

「阿留辺幾夜宇和」と漢字で書くと、一言一言が身にしみるような気がする。「あるべきようわ」というと、いかにも世間で決められたとおりに、枠にはまっていればいいように聞こえるが、そうではない。

われわれは実際、僧侶であっても本当の僧とはいえない、学生といっても本当の学生とはいえない、武士だ町人だといっても、深く反省するとき、はたして自信を持ってそう言えるだろうか。本当に自分自身がそれになりきるという境地には、なかなかなりきれるものではない。ただ形ばかりなんだと言っている。いやむしろ、人は自分の本心から逃げたがるものだ。

明恵上人は、時々刻々自分自身になりきっていれば、極端な話、救われようと思わなくてもいい。そんな余計なことを考える必要はない、いま時々刻々の自分の勤め、自分の本心に立ち戻ること、それだけが仏《ほとけ》、すなわち真実の姿だと言っているのである。

明恵の時代は大変な動乱の時代だったが、この現代という時代も、五百年、千年という歴史の長さで見ると、大きな変動期にあると私は思う。日本もそのちょうど曲がり角にある。とかく機能主義で専《もっぱ》ら拡大する一方の産業社会へ組み込まれていくなかで、自分とはどうあるべきだろうか。そこで「あるべきようわ」を常に念頭に置いて、自分を取り戻す努力を怠らないということが大切ではないかと思う。

現代は遠心力が強い時代だが、そうしたときほど、やはり求心力が欲しい。そこで私は、「阿留辺幾夜宇和」をもう少しかみくだいて「身の丈《たけ》ほどに」ということを考えたらどうかと思う。

「身の丈ほどに」というと、「分を知れ」というように聞こえるが、どうも時代は、簡単にいえば人間のスケールではなくなってきていると思う。都市にしても、どういうスケールかはともかく、少なくとも私たちが生きてきた人間のスケールというものではないように思える。飛行機にしても、自動車にしても、すべてがものすごいスピードで進歩を遂げているが、どこか私たちが寛《くつろ》げる、人間の身の丈というのとは、ほど遠いレベルにいってしまっているのではないだろうか。

ということは、ただ大きさの問題ではなく、一つひとつ突出した文化の先端がバラバラで、人間のスケールを超えていると思う。だから、身の丈ほどになるということは、人間の母体の一つのトータル、人間が全体性を取り戻すということである。

新宿の街にしても、何万という人が道路の上を歩いている。それを高層から見下ろすと、蟻《あり》の集団のように見える。これも、はたして人間のスケールといえるかどうか。

私はそれを否定しようとは思わない。しかし、それと同時に、求心力として「自分の身の丈ほどは」と、これを三遍ぐらい繰り返すと、ずいぶん気が楽になる。

日本人が一番好きな言葉だといわれる「ありがとう」「ありがたい」という言葉は、私たちを深い歴史の中へ連れ戻してくれる。「ありがとう」と言ってみることで、巨《おお》いなるもの、聖なるものと自分との関係がもう一度取り戻されるように感じられる。

そして、自然であるとか宇宙とか、日本人にとって「すわりのいい場所」にすわり直した自分、そして天然造化《てんねんぞうか》と宇宙との交流の中にある自分の存在というものが、「ありがたい」という言葉を言うときに意識化されて、表に出てくるように思われるのである。

私は、本来、神仏に向けられてきた「ありがとう」という言葉が、人間にも向けられて感謝の言葉になり、さまざまに使われるようになったというところに、日本文化の、あるいは日本人の精神の風景が、一番よく現われていると思う。

日本人の場合、別に特定の宗教によるわけではなく、神であるとか仏であるとか、何か人間を超えた巨《おお》きなものがあると感じている。それとの交流の中に人間はいるという一つの安心感に包まれて生きている。

さらに人間を超えたもの、自然は調和であり、美しいものであるとも感じている。時には、天の道であるとか、人道であるとか、天然の造化というもの、そういうものに即したある巨大なルールと調和というものを予測している。それに一致するとき、まさに「ありがたい」という言葉が出てくるのである。

二、〈遊び〉ということ

はたして日本人は遊び下手か

日本でも労働時間の短縮や余暇の重視ということが真剣に話されるようになって久しい。そのさい、いつも内外の専門家が口をそろえて言うのは、日本人は遊び下手だ、遊びを知らぬ働き蜂《ばち》だという嘆きである。

日本人は反省好きで、西欧社会から何か欠点を指摘されると、たちまち恐れ入って、口をそろえて合唱をはじめる。

だが、本当に日本人は遊びを知らないのだろうか。もしかすると、西欧流の遊びと東洋の遊びとは発想の根本が違うのではないか。

いや、それどころか日本の歴史をさかのぼってみると、意外にも、遊びということが大切にされ、日本文化の特質となっているとさえ思われるのである。

そのために「遊び」という言葉そのものを、私も少し探ってみる気になった。

たとえば入水《じゅすい》自殺した太宰《だざい》治《おさむ》が、いつも好んで口にしていたという歌がある。

あそびをせんとや生まれけむ

たはぶれせんとや生まれけん
あそぶ子どもの声聞けば
　わが身さへこそゆるがるれ

じつは、この歌は後白河法皇《ごしらかわほうおう》が、当時の俗謡であった「今様《いまよう》」をたいへん好まれて、自ら編纂された『梁塵秘抄《りようじんひしよう》』のなかに収録したものの一曲である。太宰は、そこに自由で純粋な生き方の極限を見て、自分のいまだ通俗的な日常生活を反省しながら、半《なか》ば自嘲的に唱《うた》い、苦闘していた。

こうして歴史をさかのぼってみると、『古事記』『日本書紀』『万葉集』にまでゆきつくが、「遊び」は、日本では「神遊《かみあそび》」として、はるか古代から伝わる神楽《かぐら》などの宗教儀礼から、えんえんと戦後まで生き続け、切実な人生哲学となっていた。

じつは、このことを最近指摘しているのは、西欧の哲学者、ホイジンガである。彼は、いわゆる「ホモ・サピエンス」＝知的人間とか、「ホモ・ファベル」＝工作する人、技術人間という従来の人類の定義に対して、はじめて「ホモ・ルーデンス」＝遊び人間という定義を提示した画期的な思想家である。

彼は『中世の秋』という代表作のなかでは、これまでの闇黒《あんこく》なる中世という既成概念に対して、穣《みの》り多い輝ける中世文化を描き出して、歴史学に新しい光を投じた人でもある。

そのホイジンガが、『ホモ・ルーデンス』のなかで、世界の民族の「遊び」について書いているのだが、そこで「日本語における遊びの表現」を挙げている。

その要旨は、日本語の遊びは、一方では娯楽、暇つぶし、気晴らしなどという緊張のゆるみを意味するが、同時に、何かを徹底的に行ずるという意味もあるとして、茶の湯や武士道までも、遊びとして言及している。そして、さらにくわしく追求してゆけば日本文化の真髄をも考察できるだろうと語っているのは、じつに興味深い。

「遊戯三昧《ゆげざんまい》」という境地

たしかに、日本のみならず、東洋では、「遊び」という言葉は、ただ気晴らしばかりではない、深い何物かにかかわっている。

すぐ想起されるのが、中国の古典『荘子《そうじ》』の冒頭を飾る「逍遥遊篇《しょうようゆうへん》」である。ここでは、天地の開闢《かいびやく》の根元を語り、宇宙を泳ぐ巨魚、鯤（こん）や、鵬（ほう）と呼ぶ巨鳥について語っている。

「夫《か》の、天地《てんち》の正《せい》に乗《じよう》じて、六気《りくき》の弁《べん》を御《ぎよ》し、以《もつ》て無窮《むきゆう》に遊ぶ者の若《ごと》きは、彼《かれ》且《は》た悪《いづ》くんぞ待たんや。故《ゆえ》に曰《い》わく〈至人《しじん》は己《おのれ》無《な》く、神人《しんじん》は功《こう》無く、聖人《せいじん》は名《な》無し〉と」

天地宇宙の根元の動きに没入して己《おの》れを忘れ、巨《おお》いなるものと一体化した絶対の境地を「遊ぶ」といい、それは至人、神人を超えるとまでいっている。名もなく、功もなく、己れもなく、人間の自由の究極の境地だというのである。

これを受けるように、インドから仏教を受容した中国仏教においても、「遊戯《ゆげ》」ということがたいへん重視されている。仏や菩薩《ぼさつ》が何ものにもとらわれない自由自在の境地、悟りの境地を、「心のままに遊戯す」として「遊戯三昧《ゆげざんまい》」という。この言葉は、とりわけ禅でよく用いられる。

さらに日本でも、私が長年親しんできた鎌倉時代の念仏聖《ねんぶつひじり》、一遍《いつぺん》上人は、踊り念仏を拡めながら日本全国を旅した。それで「遊行《ゆぎよう》の聖」とも呼ばれている。

遊行というのは、表面的にみれば、物や日常生活に執着せず、時々刻々、執《とら》われがちな自分を捨てて、諸国を托鉢《たくはつ》して廻り、一生を修行のうちに終える姿をいう。

一遍上人は、自らの寺も持たず、人が集まれば「道場」と呼び、死に臨《のぞ》んでは、すべての持ち物を焼き捨て、骸《むくろ》さえ野に捨てよと遺言した、文字どおり遊行の人であった。

日本ではこのような遊行が、「旅」の深い意味となっている。日本の代表的な思想家である西行《さいぎょう》法師も芭蕉《ばしょう》も、歌や連歌を仏道修行、真実探求の道と考え、生涯を旅に生きたことはよく知られるとおりである。

芭蕉は旅のなかに生きて、人生とは旅であり、人は、旅のなかでこそ真実に出会えるという主旨のことを述べている。

一遍や、西行、芭蕉らにとって、旅とは時々刻々自分を捨てていくことであり、今いる時点を否定して、次の所に移っていくことの連続である。否定を繰り返す過程で日常生活を捨てていき、どんどん自分自身を裸にしていく。そこではじめて、巨《おお》いなるものに出逢えると考えた。

このように旅を目的ではなく、プロセスとしてとらえる。何かそれによって結果を得るのではなく、その過程に意味があるというのが、遊行の本質だといえる。

そうした日本人の考え方は、何も、老荘《ろうそう》の思想や仏教が取り入れられることによって、はじめて生まれたものではない。古代から脈々と流れる日本人の自然観、人生観が、仏教や老荘の思想と触れ合うことで噴《ふ》き出し、明確に意識化されるようになったのである。

その意味でも「遊び」の考え方は、日本文化の中核をなす重大なテーマの一つである。

「遊び」が持つそもそもの意味

では、日本語の中で「遊び」という言葉が具体的にどのように使われているのだろうか。広辞苑で「遊ぶ」を当たってみると、まず、

「日常的な生活から心身を解放し、別天地に身をゆだねる意」

とある。もともとは、神様や仏様を祀《まつ》るときに感謝と祈りをこめて奉納する音楽や

舞踏、神楽《かぐら》も含んでいたが、日常性から離れ、心身を解放して神仏と一体化する境地が、まさに「遊び」である。

西洋でプレイ、遊びというと、まず個人として得られる肉体の運動を意味する。個人が刺激や快楽を得て、自分の身体を充実させることこそが、遊びである。

したがって日本人の、自分を抜け出す、自分を捨ててしまうところに遊びがあるという考え方は、やはり西洋の個人主義的な考え方とは、発想のルーツからして違う。

もちろん日本の「遊び」には、狩猟や詩歌、管弦、舟遊びのような、普通にイメージされるような遊びも含まれている。

ところが、たとえば「本居宣長《もとおりのりなが》の門に学ぶ」というときに、「遊学」という言葉を使ったりもする。「外遊」という言い方もある。師匠について勉強、修行することを、「遊び」というのは、じつに興味深い。

こうしてみると、どうも日本人の「遊び」という言葉には、もちろん、ささやかな気晴らしや無為もあるが、どうも一方では、深く真面目な生き方、時にはすべてを捨てて悔《く》いない純粋な行動的エネルギーが秘められていることに気づく。

そもそも「遊ぶ」という言葉が頻繁に出てくるのは平安時代で、『源氏物語』にもよく見られるが、そこでは「遊ぶ」と「戯《たわむ》れる」という言葉が並列的に使われている。

では、この二つはどこが違うのだろうか。

「戯れる」は、おどける、ふざける、異性間でややセクシュアルないたずらをする、淫《みだ》らなわざをするなどというときに使われる。「たわる」という言葉にも通じ、そこには「狂」という字が当てられているから、「戯れ」とは、ある種の現実否定である。日常生活からポンと離れて、向こう側からいままでの生活を見てみるという仕掛けを自分で作ることでもある。だから「遊」よりも「戯」のほうが、より意識的であろう。

いわく言い難《がた》い日本人の心の動き

また、貴人や目上の人について用いられる「何々あそばせ」という言い方がある。「する」ということを、なぜ「あそばせ」と言うのだろうか。

「遊ぶ」とは、いわば自主的に気ままに自分の思うようにすることでもある。高貴の身分の人は、何かに強制されて行動するというのではなくて、自分の意思と好みによってのみ行動する。そう考えれば「あそばせ」が丁寧語として使われるのも不思議ではない。

つまり「遊ぶ」は、かなり自由な性質を持っているわけである。そこで今度は「遊び」と「自由」ということを考えてみよう。

金を遊ばせるとか、土地を遊ばせるなど、何もしない状態に置いておく場合がある。

またホイジンガも指摘しているが、日本では機械、歯車などに緩《ゆる》みを持たせておくことを「あそび」という。自動車のハンドルにも「あそび」がある。

たしかに、円滑に自由に操作するには、若干余裕があるほうがいい。昔は織物などのときに遊び糸といって、一見用がない、役に立たないような糸を遊ばせておいた。そうすると本来の機能がスムーズにはたらくのだという。

日本の文化や文学においては、ハンドルの「あそび」に象徴されるこうした基本理念がひじょうに重要で、これこそ日本文化そのものだと言ってもいいほどである。

どうやら日本人には、現実を人間の理性、意思で百パーセント認識して、それを変えてゆくこと、そこから何かをつくり出すことを好まない、というよりそれは不可能だと考える傾向があるようだ。

なぜだろうか。それは、こういう理由からだ。人間とは限りあるもので、自然や神といった、人間を超えたものが必ずあるということが、日本人の意識や文化の根底に流れているからではないかと思う。

あえて神仏というような宗教的な言葉を使わなくても、人間を超えた巨《おお》いなるものが何かあるはずだ。それは言葉にはならない、人間が言ってはならないけれど、暗示すればきっとわかりあえる。それによって人生、現実の価値が決まる。そういう考え方が、どうも日本文化の中核にどっしりとすわっている。

それが何であるかは、言い切れない。言葉にならないから、言ってはならない。言葉にすると逃げてしまう。だから、目と目、腹と腹でわかりあう必要がある。そういったたぐいのものである。

よく外国人から、日本人は特殊ではっきり理解できないと言われるが、それは、いわく言い難《がた》いものを残してゆく、こうした特質によるものだと考えられる。そこのところに遊ぶという言葉が深くかかわっているように思われる。

「筆のすさび」とは何か

一方で「遊ぶ」という言葉から出て、かなりはっきりした、ファジーではない言葉もある。たとえば「筆のすさび」というような言葉を使うが、その「すさぶ」に「遊」という言葉を当てる場合がある。

広辞苑によると、「荒ぶ・進ぶ・遊ぶ」と「遊」の字も用いられ、「心のおもむくままに事をする。遊び慰む」とある。

一瞬、はてなと思うが、そこがかえって、日本人の言葉を使うときの心の動き、それを見事に表わしているような気がする。

「筆のすさび」という言い方にしても、公文書や請求書を書くときは、けっして使わない。何やら紙に向かって筆を墨に浸《ひた》していると、つれづれなるままに、一句できたり、文章ができたりする。そんなときに使う。

そのようなときは、たしかに心のおもむくままに自由である。こうしてみると、なかなか風流にもきこえるが、どこか荒涼たる趣きもある。すさぶのが、「筆」ではなく「賭事」や「勝負事」になると、ますますそうだ。賭事や勝負事に熱中して、それもいいではないかという境地に達するのも「すさび」である。つまり遊ぶということが、自由に心をはたらかせて、人間が心身とも別世界に入ってしまっていいんだということになると、いわゆる世の中の道徳ルールを踏み越えて、もっと突き進んで行ってしまう。それが激しくなると、日常性をどんどん突き破っていくことになる。そうなると「あそび」は「すさび」になる。

自然現象などでも、風や雨が荒々しく吹いたり降ったりするときに「すさぶ」という。さらには「すさぶ」の形容詞が「すさまじい」である。

こうなると、心のおもむくままとは、怠惰にして無為にすごすことではなく、むしろ、必死になって、わき目もふらず、ことに打ちこむ姿が見えてくる。何やら楽しげなホワホワしたものが、すさまじいというところまでつながっていく一つの心のはたらき、これを踏まえたうえで、「遊ぶ」という言葉を考えなくてはいけない。

事実「すさぶ」という言葉には、心にとめて愛するという意味すらある。

また、後で述べるが、「わび、さび」のルーツに風流《ふりゅう》という概念がある。「遊ぶ」がますます集中していくと、「すさぶ」、あるいは「風流」「風狂」になる。このあたりに、日本人が人間を超えたある巨いなるものの存在を感じ、それとどういうふうにかかわっていくかをつきつめて、それを生活の中心に置いていたことが、うかがわれるのである。

「遊び」にこめられた日本人の二面性

そういう意味で、もう一度「遊ぶ」ということを整理してみよう。外国で遊ぶと言えばプレイのことだから、何か動作をすることを意味する。また先ほど述べた車のハンドルの「あそび」というのは、役に立たないこと、行為をしないことである。とすると遊びには、行為するという意味と、行動を起こさない、何もしないという意味がある。この二つは一見別なものに見えるが、「遊び」にはこうした二面性があるのである。

なぜ、こうした二面性が生まれるのだろうか。たとえば「わび・さび」というとひじょうに静かだが、実際は狂気に至るような激しさがある。茶の湯の奥義を象徴しているという「枯れかじけて寒かれ」という言葉にしても、本当に真冬の枯れ枝のようなもののなかに、激しい生命の営みを暗に予想している。

こうした二面性というものが、日本文化あるいは日本人の考え方のなかにある。それはなぜなのだろうか。

結論をいえば、やはり現実を二重に見ているのではないか。仏教、とくに天台宗《てんだい》で説いている教えに、「空仮中三諦《くうけちゆうさんたい》の論」というものがある。

仮《け》とは、じつは目に見える現象世界、目に映っている日々の世界である。この仮は、いつかはなくなるに違いないということを、日本人は仏教の教えを待たずとも、自然の四季のなかに感じ取っていた。

植物ならば花を咲かせて枯れていく。人や動物は子孫を残して死んでいく。このように、現われているものは、必ず姿を消していく。そうした動きのなかで、日本人は世界や現実をとらえ、それを強く感覚的に意識している。

だから目に映るものはたしかにある。しかしこれはいずれ消えるのだ。そういう目で見ると、これは空《くう》である。荒野の枯れすすきではないが、実際に私も実感したことがある。戦争で空襲を受けた少年時代、一夜明けたら街と駅が本当に空《くう》になって姿を消していた。今、日本は繁栄を謳歌《おうか》しているが、はたしてこれが、いつまでも続くのだろうかというのが実感である。

戦地から帰ってきた私の先輩も、「おれの目にはいつもすすきの原が見えているんだよ。いくら夜の街で酒食らって歩いても、あれがやっぱり見えているんだ」と言っていたものだ。

これはとくに戦争に限らない。自然の中で生まれ、ときに病《やまい》もわずらい、最後は死んでいく、そしてまた芽生えるという、自然と密着した日本人の世界の見方というものがある。いつも現実を肯定しているのだが、しかし、いつ消えるかもしれないということを、いつも念頭に置いているのである。

このように、仮《け》と空《くう》の両方をひっくるめて実感することを、天台宗では「中観《ちゅうがん》」

と呼んでいる。

「中」というのは真ん中という意味ではなく、全部ひっくるめたものをいう。「仮」というのは、先ほども述べたとおり、目に見える現象のこと。「空」というのは、その奥にある目に見えない本当のもの、実相《じっそう》を予感させる動きである。そのような「仮」と「空」が両方あるというところが「中」だ。

もっとも天台宗の言葉を借りずとも、もともと日本人は古事記、万葉の時代から自然と密着して、その動きのなかで生命というものを生きてきた。つまり生命的な自然観である。こうした自然のはたらきを、松尾芭蕉は「造化《ぞうか》」と呼んだ。

生あるものは必ず滅びる。しかしまたよみがえる。生命というものを、自然というなかでとらえていく。やはり二重に見るわけだ。

花が咲いているときには、冬の風景を見る。冬、雪の中に咲く一輪の梅に、突如として花開いて山河が忽然《こつぜん》として姿を現わすということを道元《どうげん》禅師が言っているが、日本人にはこのような複眼的な見方があると思う。

逆に言えば、二つの意味を一つにして、「遊び」という生きた言葉にしたのが、日本人の知恵ではなかろうか。だから武士道も遊びだと考えていたというホイジンガの言い方も、意外にいいところ、日本人の心の本質をつかまえていると言えるように思う。

手毬《てまり》つく良寛《りようかん》の胸のうち

48ページで紹介した『梁塵秘抄』の「遊びをせんとや生まれけむ」の歌にしても、子どもの遊びを見ていると、心が騒いでならない。自分の心がこれでいいのか。自分は本当に遊んで自由になっているのか。それとも遊んでいないのではないか。日常性にとらわれているのではないか。目覚めていないのではないかという迷いがある。だから、本当の「遊び」の境地に自分が達しているかどうかということを、子どもに問い掛けられている。それをまた自己に対して問い掛けている歌である。そうしてみると、じつは純粋に遊ぶということは、むつかしいのかもしれない。

これと同じような情景を詠んだ人に、良寛《りようかん》がいる。

良寛は日本人の遊びということを、深い意味で実現した一人の理想的な人間像として、私たちの前にいる。

よく知られているように、良寛は越後《えちご》の国、国上山《くがみやま》の五合庵《ごごうあん》という草庵に住み、里におりては子どもらと、手毬《てまり》をついて遊んでいた。それを歌った有名な歌に、

子どもらと　手毬つきつつ　この里に　遊ぶ春日《はるひ》は　暮れずともよし

というのがある。

春の日長を子どもたちと手毬をついている。このまま時間が経《た》たないで、いつまでも無心になって子どもと毬をついていたい。

その絶対的時間というものは「永遠の今」ともいうべきもので、純粋、自由の極致である。天地と一体化している。そうした遊戯《ゆげ》の境地にあって、一面で良寛は、これも続かないだろうという諦観と嘆きをもこめている。良寛という人が、今日もなお、私たちの心を打ちつづける理由もそこにある。

考えてみれば、遊びという、何物にもとらわれぬ自由とは、おそろしいことであ

る。日本人は何故《なにゆえ》に、人生の大事を、「遊び」とみたのであろうか。

思うに、私たちは、この世の現実をやはり、確固不動の物質界とはみないで、輪廻《りんね》転生《てんしょう》する仮の世とみた。その仮の世を必死に生きてゆく姿、そこに日本人の深い遊びの心がこめられているのである。

仕事もまた遊びのうち、というのも、こうした文化史的な背景から考えてみると、ごく自然ななりゆきであり、かえって遊びの極意といえるのかもしれない。

三、〈匂い〉ということ

日本人と匂い

香《かお》りというと、日本人なら春ともなれば、玄関先のくちなしの花、秋ともなれば垣根ごしの菊の花、庭の隅の木犀《もくせい》の花の香りなど、数えるにいとまのないほどの花の香りが、私たちの想像の空間に満ちてくる。

しかし一方、私たちの日常生活では、やはり香りのたぐいは、昔より縁遠くなっているのも事実であろう。ふと、大きなホテルですれちがう西欧人の婦人が、えもいわれぬ香りを残して足早に立ち去ってゆくと、何か奥ゆかしくなつかしい気分に駆《か》られるが、せめてそんなときだけだ。

いつか誰かから、イギリスの紳士は、太陽と干草《ほしくさ》とパイプ煙草の香りが身にしみていれば、男はそれで充分だ、と聞いたことがあるが本当だろうか。

最近は、外来のポプリとか数多い料理用の香辛料が生活に新しく入ってきたが、ともあれ、私たちは今日、どこか香りを気にしながらも、いかにして日常生活にとけこませるか、戸惑《とまど》っているのが実情だろう。

ところでもともと、日本人は昔から香りや匂いに、あまり関心がなかったのだろうか。それとも、しだいに匂いが生活から縁遠くなっていったのだろうか。もしそうであるなら、それはなぜだろう。

さかのぼって考えてみると、たしかに古神道のような古い民俗信仰には、火と水の潔《きよ》めはあるが、香は炷《た》かない。かろうじて香水があるかどうか。

香がどっと入ってきたのは、やはり奈良時代の仏教文化の、法事にともなう儀礼からであろう。仏教の儀礼、とくにインドの古代密教の祭儀とともに、香油、香木、不思議な香料が、数知れず渡来している。

その香料の一部は、今でも正倉院に大切に保管されている。のちに、織田信長《おだのぶなが》が天下を取ったとき、正倉院の封印を破り、香木の蘭奢待《らんじやたい》（聖武《しようむ》天皇の時代、中国から渡来したという名香）の一部を切り取って賞味した話は有名だ。こうしてみると、日本でも、香料は上流階級の一部に仏教文化とともに、ひろく用いられたことがわかる。

その流れをくんで平安時代になると、たとえば『源氏物語』のなかに、香や匂いの話が数多く出てくる。そればかりか、主要な登場人物の名前さえ、薫《かおる》大将という名前がある。光源氏《ひかるげんじ》の正妻である三《さん》の宮《みや》と、柏木《かしわぎ》との間の不義の子で、物語後半の主人公となっている。
一方、源氏の孫にあたり、今上帝《きんじょうてい》と明石《あかし》の娘・中宮《ちゅうぐう》の子である匂宮《におうのみや》は、薫とともに宇治十帖《うじじゅうじょう》の主人公である。光源氏の子や孫にあたる人物が、薫や匂と名づけられているのも、光源氏の光の輝きのくまどりということであろうか。
薫と匂いが、光と同一視されていた証《あかし》で、しいて区別すれば、「薫る」は煙や霞などが漂う、目元がつややかという場合に用いられ、「匂う」のほうは、いっそうはっきりと華やかな風情で用いられているといえよう。

日本刀における「匂い」とは

そういえば、日本人は、肌につけた匂いを直接的に嗅《か》ぐということは少ないように思う。たとえば、匂いという言葉からすぐに思い出されるのは、奈良の都を詠《うた》った有名な古歌である。

青丹《あおに》よし　奈良の都は　咲く花の

匂うがごとく　いま盛りなり

この歌をよく読んでみると、都の華やかさが、花そのものではなく花の匂いと表現されているところに、「匂う」という言葉の拡がりがある。

また、日本では衣に香《こう》を焚きこめたり、髪に香を焚きしめるといったように、身体にじかに香をつけるのではなく、身にまとうもので間接的に香を漂わせるのをよしとする。

木村重成《きむらしげなり》が大坂夏の陣で討死にしたとき、兜《かぶと》のうちに香を焚きこめていたという有名な話があるが、間接的に香りで身を包み、ふとしたはずみに、そこはかとなく匂い立つ雰囲気を生かすことに、誇りを感じたように思われる。

日本人が匂い袋を帯の間に隠し、物入れにしまっておくのもその表われである。部屋にも香を焚きこめる。

また、日本刀の焼刃《やいば》の文様についても「匂い」という語が用いられる。刃の、地肌との境目の部分に霧のようにほんのりと見える文様のことで、もっとも大切な見所の一つとされている。

一方、文芸、俳諧では「匂いづけ」という言い方が用いられる。とくに蕉風《しょうふう》（芭《ば》蕉《しょう》とその門流の俳風）の俳句では大事な技法で、前句の余情を受けて、それに応ずるような付句《つけく》をつけるときにいう。

「匂い」という言葉の意味の移り変わり

こうした例を見てくると、日本では、「匂い」の意味がはなはだ広いのに驚かされる。

そこで広辞苑（第六版）にあたってみると、第一の意味としては、

「赤などのあざやかな色が美しく映《は》えること」

とあり、万葉集から「黄葉《もみちば》の匂いは繁し」という例をあげている。これは色彩についての用法だ。

第二の意味として、

「はなやかなこと、つやつやしいこと」

をあげ、万葉集の「少女らがゑまひ（笑い）の匂い」をあげている。少女たちの、底ぬけに明るいが、恥じらいを含んだ、初々《ういうい》しい笑顔が目に浮かぶようだ。これは、表情、しぐさ、若さの発露した雰囲気である。

第三に、ようやく「香り」という意味が出てくる。

次に、やはり「ひかり・威光」という意味があり、さらに人柄などの気品・おもむき、芸能・文芸の情緒・風情へと意味は拡がり深まってゆく。

「匂う（ニホフ）」という動詞でも、「ニ」は「青丹《あおに》よし」の「丹」で、朱塗りの朱を意味し、「ホ」は穂の意で、外に突出することだ。すなわち「ニホフ」は朱が外に輝き出ること、つまりは視覚的色彩が第一義なのである。第二が美しさ、第三がやっと香りになる。

どうやら、匂いは朱《あか》い色のことである。もっとも、古代において、「丹」には深い呪術的意味があったことを忘れてはならない。

それが、どうして、「匂う」「匂い」といった、もっぱら嗅覚を表わす意味に転じていったのだろうか。

色あざやかに光かがやいている環境の雰囲気全体、その、曖昧《あいまい》だが強烈な全身の快感を、日本人は匂うといった。

日本人は「匂い」を自ら発散するのではなく、匂いを感じとり、匂いに浸《ひた》り、匂いに身をつつんできた。あたかも天然の光に身をつつむように、匂いは輝く雰囲気の全体なのである。

昔の日本の座敷には、香が炷かれていた。玄関の戸を開けただけで、香の香りがどことなく奥ゆかしく誘ってくれた。そこで、初めて嗅覚が意識された。

茶の湯でも、香と香合《こうごう》はじつに大切な茶会の装置である。非日常的な高揚した雰囲気そのものだからである。

また日本では「香《こう》遊び」という香を当てるゲームがあったが、室町時代末期には、それをついに「香道《こうどう》」という儀式礼法にまで高めた歴史がある。

それまでの香合《こうあわせ》、炷物合《たきものあわせ》、薫継《たきつぎ》香などのゲームが、茶道の創成と重なりながら、文学、つまり和歌と密接に結びついた組香《くみこう》中心の香道にまで成長したのである。その中心となったのは、公家《くげ》では三条西実隆《さんじょうにしさねたか》、武家では将軍・義政《よしまさ》に仕えた志野宗信《しののそうしん》である。

このように優劣を競う精神から、より文芸的なものに移行したのも、匂いがたんに嗅覚の問題ではなく、人格そのもの、真実の表現だからであった。くわしく歴史を振り返れば、まだいくらでも実例をあげることができよう。

西洋との深い文化的相違

こうみてくると、日本人は、匂いを身につけて外に向かって発散し、アピールすることをしないが、衣服や居間や、広間や祭儀などという空間全体を匂いで充たし、自分もそのうちに浸り、また他の人をも、ともにその雰囲気のうちに誘いこむ、個人を超えたものと一体化することを好んだということがわかってくる。

さらに驚くべきことは、匂いは、たんに私たち人間の、五感の嗅覚に快感を与えることだけを意味しているわけではないようだ。

鼻も目も耳も触覚も、いや全身の第六感まですべて総動員されて匂いのなかで共鳴し、酔いしれてしまうのである。

このことは、匂いとはもはや身体感覚の一部分的快感ではなく、視覚についても聴覚についても用いられ、総合的に私たちを、いわば超越的な聖なる世界へと連れ出す、ひとつの宗教的、神秘的世界との交感だともいえる。

フランスでも、パルフュムという語は、たしかに雰囲気全体をさすが、そこでは香りを発する花や香爐《こうろ》などの物、また香料を使用する個人の意志が明確にはたらいているように思われる。

マリリン・モンローが、ベッドで休むとき、シャネルの五番を着て寝ますと言った有名な言葉がある。ちょっと考えると、衣に香を焚きこめるのに似ているが、まったく逆である。モンローは自分の肌に香水をすりこんでいる。日本ではやはり衣のほうに香を焚きこみ、「うつし香」を楽しむ。つまり間接的である。個人が先か、雰囲気が先か、この差はじつに深い文化的相違を示しているのである。

西欧人は人間個人がいつも世界の中心である。日本では、天然自然のなかに人間がいる。まわりの雰囲気がまず優先している。だから香りは、たんなる匂いを超えて、雰囲気の背景そのものにまで深まってゆくのである。そこに私たちの匂いの文化、匂いの伝統がある。

しかし、近頃、日本の女性も変わりつつあるという。京の古いお香屋さんも、ハーブなどを用いて、身近な現代風なお香をつくっているという。

大正時代に、高砂《たかさご》香料株式会社（現・高砂香料工業株式会社）を創設したのは、私の愛する日本画家、甲斐庄《かいのしょう》楠音《ただおと》の兄である甲斐荘楠香だが、彼は、フランスから初めて香料技術を輸入した人物であり、その背景には長い京の文化が流れていた。今や高砂香料は世界的な会社になっている。

香料は、じつは人類とともにあり、それぞれの地域文化圏で独特の進歩をとげている。香料の道は、文化の道であり、香料は黄金や宝石よりも貴重なものだった。だから正倉院にも、千年来秘蔵されているのである。

特徴のある香料の、どれをよい悪いとはいえない。また、相互の深い交流もある。しかし、用い方の相違ははっきりしている。この個人から発する匂いと、身をそこに浸すという匂いに対する感性の相違に、時代の変化はみられないのではなかろうか。

日本人は、これから、その文化的な特質は持ちつづけながら、その双方の匂いの喜びを深め、ひろげてゆくことであろう。
匂いは西欧文化圏では、きわめて明確な嗅覚の刺激と反応という、限定された人間の感覚機能である。

天然宇宙の生命の気配

しかし、すでに述べたように日本では、匂いは外面的な身のよそおいではなく、一人の人間の全身、さらにはトータルな感覚にまで拡げられた天然自然の環境、雰囲気を意味している。

また俳諧における匂いは、句と句のずれと変化のあいだの、微妙な間《ま》、季節と季節の間を埋める、華やかな天然の魅力の表現でもある。ここで私は、はしなくも日本文化における「間《ま》」という言葉にゆきあたる。

「間」という言葉は日本では「隙間《すきま》」というような空間的な意味にも、また「間に合う」という時間的な意味にも、「間が抜ける」といった状況の状態についても用いられる。

「間」とは、いわば切断された関係の、緊張による充実である。また、もっとも充実した空《くう》とも無ともいえる。かみくだいて言えば、人間の計算を超えた天然宇宙の絶対的なものが、向こう側から顔を見せる時空である。

「匂う」という言葉は、どうやらこの「間」と重なりあう。優れた存在の出没する予感に充ちた気配であり、先触れであるような状況をさしている。まさに曙《あけぼの》の光を思わせる。

その高貴なる実体は、たしかにあるが、限りある人知《じんち》をもってしては、それをむき出しにして認識することができない。しかし、その気配はある。人間の五感を超えた六感まですべてをトータルに同化して、初めて「気」が明確に、しかし、漠《ばく》たる感覚として感じられる。そんなとき日本人は、それを「匂う」といった。

「匂い」にもっとも近い東洋の言い方は、中国芸術の究極の目標である「気韻生動《きいんせいどう》」ということであろうか。気は生命の空間、韻は生命の時間であるが、その気と韻とが、分けられず天地の生命と一体化して、いわく言い難いが、そこに描かれ存在を暗示されているのが美の理想であった。

「匂う」のは、仮にひとつの出来事、ひとつのもの、ひとつの状況であっても、そこで匂い立つものは、いわば、宇宙の生命の気配なのである。すべては光のかがようなかに包まれている。そうでなくては、「匂う」とはいえない。

それが後世、しだいに日本人が天然宇宙との交流を忘れてゆくにつれ、匂いよりも臭《にお》いばかりを意識するようになってしまった。

しかし、いまようやく、さまざまな香りから失われた匂いの源へ、気づきはじめたのではないだろうか。

この芸術学に近い日本人の言い方を探すと、やはり「幽玄《ゆうげん》」という言葉にゆきつく。

「幽玄」という用語は、中世のとくに室町時代いらい、能・狂言・謡曲における世阿《ぜあ》弥《み》の芸術論に用いられて、日本美の特質として、つとに有名になった。じつは『新古今集』を編纂した中世初期の歌人・藤原定家《ふじわらのていか》や、西行《さいぎょう》、定家の父の俊成《しゅんぜい》らによって意識的に用いられはじめたものである。

その内容をあえて一言で言えば、人間を超えた神秘的な宇宙真理の気配を意味していた。ここでは、内容と形式、形と隠されたものが一体となる。

この話は後に、「わび、さび」のところで詳しく述べるが、私はこの「幽玄」に見合う感覚的な内容が「匂う」に秘められているように思われてならない。

四、〈間《ま》〉ということ

「間《ま》」とは何か

先年イギリスで、日本展が行なわれたが、そのテーマは、じつは「日本の間《ま》」というコンセプトであった。

思えば昔になるが、日本のほこる前衛作曲家・武満徹《たけみつとおる》氏が、私が『インテリア』という雑誌に書いた「間」についてのエッセーを、京都の古本屋で買って読んでくれたと言い、たいへんショックだったと語ってくれたのを今も覚えている。

私も嬉《うれ》しく、わが意を得たりという思いであった。その論文は、私の第一評論集『伝統の逆説』（一九六二年）に収められている。私にとっては、日本文化論への出発であった。

「間」という言葉を、私たちは日頃よく口にしている。たとえば「間が抜ける」「間に合う」「間が悪い」などとすぐ思いつくが、ほかにもまだまだある。しかし、その正体はと問われると、これに答えるのは、なかなかむずかしい。

ちなみに、広辞苑をみると、

(1)物と物、または事と事とのあいだ。あい。間隔。
(2)長さの単位。
(3)家の内部で、屏風《びょうぶ》・ふすまなどによって仕切られたところ。
(4)日本の音楽や踊りで、所期のリズムを生むための休拍や句と句との間隙《かんげき》。転じて、全体のリズム感。
(5)芝居で、余韻を残すために台詞《せりふ》と台詞との間に置く無言の時間。

などと出ている。

なかなか広がりがあって、複雑微妙、かつ深刻な言葉のようでもある。

たとえば、能や歌舞伎では、息づまる音の空白があって、耐え切れなくなったところでポンと鼓《つづみ》が鳴る。この息づまるような空白も、まさしく「間」だ。

これら「間」の定義として挙げられているものを、もう少しくわしく突っこんで考えてみると、(1)の物と物のあいだというのは空間である。また事と事のあいだというと、とくに音楽の場合などは、時間と時間の切れ目だ。

とすると「間」と一言でいっても、日本人は無意識に使い分けているが、物理的に時間と空間のけじめがないことを発見したのは、まさにアインシュタインで、これを外国語に翻訳するとしたら、さぞかし困るであろう。

さて、物の空間的隙間と、時間の切れ目とでは、もちろん意味が違う。さらに、空間や時間だけでなく、人間の生き方、人間同士の関係、それどころか人間と状況、人間と自然との関係にまで及んでくると、先ほど挙げた「間が悪い」「間が抜ける」といったような言い方も生まれてくるわけである。

ここで、対照的な用法を比較してみよう。一つには「間をとる」とか、「間合いをはかる」など、「間」というものがひじょうに積極的に意識される場合がある。

たとえば剣道で、よく「間合いをはかる」という。間隔を保つことによって、より有効な打撃に備えるわけだ。したがって、これはもっとも緊張した関係である。しかし厳密にいえば、そこには何もない。竹刀と竹刀、剣と剣は触れていないのだから、いわば無の空間である。

何もないのだけれども、もっとも緊張したところだ。これが「間合いをはかる」

「間をとる」である。一触即発だから、その「間」を外すと、やられてしまう。命を落とすことになる。

一方、「間が悪い」「間が抜ける」という言葉になると、これは本来何かあるべきものがなくなってしまうことを意味する。といっても、もともと「間」などというものは、実体がないのである。だから大したことはないのではないかとも思えるが、ところが実際には「間抜け」といえば、最悪である。

そのように考えると、時間、空間に限らず、「間」というものは、実際は実体がないのにもかかわらず、じつはいちばん大事なもので、充実していなくてはいけないということになる。

それを充実させるかさせないかで、「間をとる」という場合もあるし、「間がとれなかった」「間が抜けた」という場合もある。剣術などで極意に通じた人は、「間合いをつめる」そして、あえて「間を外《はず》す」というようなことまでする。実体のないものが重要な機能を果たしている。

これは西欧の近代合理主義的な考え方では、どうしても理解できない日本文化の特質のひとつである。

「間」についての世阿弥《ぜあみ》の考え

古典芸能を例にとると、わかりやすい。たとえば能である。ふつう近代風に考えると、「間」というのは、トントンというリズムだと思うのだが、そうとばかりは言えない。辞書でも、「間」について「リズミカル」であるとか、「全体のリズム感」などと、なかなか苦しい言い方をしている。

リズムというものは、規則的なリピートだと思う。しかしそれでは「間」にならない。「間」はのびちぢみするリズムである。

では「間」とは何か。世阿弥《ぜあみ》は、能楽についての彼の著述のなかで、これをひじょうにデリケートに述べている。要するに、能の芸のいちばん大事なことは、すべてのテクニック、身体の表現をただ一瞬に凝集《ぎょうしゅう》してゆくことだという。

つまり、内面性をひたすら持続することにある。ところがその持続を表現するために、外見的な世界を断ち切る、切って切っていくというところに、じつに日本的というか、日本の古典芸能の極意があると言うのだ。

ふつう、西洋音楽であれば、バイオリンにしても音がずっとつながっていくことで、当然緊張感もつながると思うのだが、日本の音楽はそうではない。切って、切っていく、そのことによって緊張感を盛り上げてゆくのだ。同じことが連続していたら、むしろベタッとなり、だれてしまう。

とくに能・謡曲の場合、ある型と型がある。その間隙、一つの型から一つの型に移るその瞬間が重要だ。それをベタッと一本調子で、同じリズムに乗ってやってはいけない、連続的にやってはいけないと世阿弥はいう。

ではどうするか。世阿弥はなんと「間を抜く」といっている。間を入れるのではない。間を抜くのである。

規則的に手拍子でトントコ、トントコ打つリズムは、そのままで間がいいだろう。その間をはずす。そうすると技と技のあいだに何ができるかというと、世阿弥は「せぬ暇《ひま》」だという。せぬ暇というのは、無である。暇というのは間をはずすことだ。

だから、間を抜いて技と技のあいだに「せぬ暇」をつくること。これが逆に「間」

だということになる。むしろ不連続で切っていくことで、次に何が起こるか、何が起こるか、その驚きと期待の緊張感を盛り上げていくことが大事だ。これが「間」を大事にすることだという。

なぜ、日本では弓を使う楽器が定着しなかったのか

たしかに、鼓《つづみ》にしても、音が切れて、私たちが次を待っているうちに、だんだん力がこもっていき、もう鳴るか鳴るかと思っていよいよ待ち切れないというまさにその瞬間に、しじまを破ってポンと入る。

つまり連続的にしないで、切って、切って、その切った瞬間に凝集していく。三味線などもそうである。三味線は弦楽器だが、人類史上、もっとも古い楽器は、弦楽器の原型といわれるハープである。簡単にいえば、木の枝に糸を張って弦を作る。これをペンペンとはじけば、そのまま音が出てすぐ楽器になる。

私はメソポタミアの廃墟で、実際に盲目の老人が木の股に糸を張って、ぶつぶつと呟《つぶや》くように弾《ひ》き語っては、投げ銭を集めるのを見たことがある。

これを進化応用したのがハープである。メソポタミアでもギリシャでもインドでも、古い弦楽器はみなペンペンとはじいていた。

ところがあるとき、大天才が馬の尻っぽかなにかの毛で、弓《きゆう》という革命的なものを発明した。これを弦の上に滑らせることによって、連続的な音を出すようになった。こうしてバイオリンの原型が生まれた。

日本にも、すでに奈良時代には中国の唐を通じて、ペルシアから胡弓《こきゆう》が伝来していた。ところが、日本人はこれをあまり好まなかった。弓を使ったバイオリン風の楽器は、その後も入ってきてはいるのだが、結果として日本に根づくことはなかった。残ったのは琵琶や、三味線、鼓など、音を切っていく楽器ばかりである。

間から間へと断続する緊張感を呼吸していく。呼吸が大切、息が大切。すべて気が大切という日本人の芸術の本質には、そういうものがある。

ジョン・ケージの新しい実験

じつは生きている「間」は、呼吸にも関係している。

一遍上人も「出る息入る息を待たざるがゆえに」といっている。

呼吸というのはスーッと吐くばかりでなければ、吸う一方でもない。吐いたらそこで一度死ぬ。次に吸う。吸ったらまた吐く。方向が変わるわけである。吸ったり吐いたりそのたびに生き死にしている。つまり生命が明滅していると一遍上人はいっている。

だから時々刻々が臨終である。その切端《せっぱ》つまった気合でただ一声、「南無阿弥陀仏《なむあみだぶつ》」と称《とな》えよという。その瞬間が成仏のときだというのである。

もちろんそこには緊張感もあれば緩《ゆる》みもある。生命というのは断絶するリズムである。しだいに高まっていくリズムだ。それは宇宙のリズムである。そういう考え方が、人間の身体ということから受けとめた日本人の宇宙的、時空的な、演劇や音楽の「間」になっている。

西欧の音楽は、ひじょうに幾何学的に構築されて、人間の幾何学的精神の純粋な構築物だといわれている。この理性こそ神の賜物《たまもの》、幾何学的秩序として唯一神の証《あかし》であり、だから高貴なものだとされる。

ところが一九九二年に亡くなったアメリカの偉大な現代作曲家、ジョン・ケージは、『サイレンス（沈黙）』という本のなかで、音の鳴っていないところにこそ、じつは真の宇宙の音楽が鳴りひびいているという、日本人にはわかりいいが、しかし西洋文明からすれば、じつに革命的なことをいっている。こういうところまで、世界の新しい芸術は来ているのかなという気もする。

その間を抜く。間を外して、「せぬ暇」を重視する。そうすると「無い」ものがいちばん充実してくる。たいへんパラドクシカルというか、矛盾した言い方だが、充実した無、音のない音楽、それがすっとわかるような気がするのが、私たち日本人なのである。

日本画に見る「余白」の意味

絵についても、同じことがいえる。西洋の絵というのはタブロー、つまり四角の額ぶちに囲まれている。その額の中をことごとく油絵の具で塗りつぶしていく。そこに完結したリアリティがあると考えられていた。

しかし、東洋や日本の絵画、とくに水墨画など、多くは、余白というものをきわめて大切にする。

余白というと聞こえはいいが、つまりは何も描いてないわけだ。西欧画なら未完成品である。さらに書道でも、やはり書かれざる空間、余白をひじょうに重視する。いったい「余白」や「余」とは何か。これもやはり、一つの「間」であろう。

一つの演奏、一つの動作の表現が終わった後で、名残《なご》りおしい情緒が、さらにいっそう深まってくるということがある。そんなときに、「余」の字をあてて「余情」という。

何もない余白にこそ、書かれざる無限の想いをこめた画面がある。そのためには、生地《きじ》、素材を大事にする。なぜならば、素材には、自然そのものが残されているからだ。つまり人間が加工するよりも、そのまま残しておくほうが、天然自然と相通じる無限の可能性を持っているわけである。

キャンバスが白だと、どのようにでも想像力で可能性を膨《ふく》らませることができる。一度人間が描くことによってそれを埋め尽くしたら、もうそれでおしまいだ。日本人の美意識は、絵や書の書かれていないところに残された、限りない可能性を予感する。

人間がやるべきことは、ほんのわずかなきっかけをつくって、それを暗示しさえすればいい。いや、人間にはそれしかできない。それが間の充実ということになるわけである。

このように、音楽においては時間的な「間」、絵画においては空間的な「間」というものを用いるのは、ひたすら人間の力を超えたものに到達したい、そこにこそ本当のもの、真実があるはずだという意識があるからだ。それが、日本の文化を貫いているのである。

「座敷《ざしき》」という空間の不思議

「間」というものについて、さらに考えてみると、日本の建築が、最近とくに、世界で注目されている。

昔は、日本の建物というと、竹と木と紙で作られていてすぐ燃える、ペラペラで嵐が来れば吹き飛ぶ。あんなものが建築と言えるか。ヨーロッパの石造の、何百年も壊《こわ》れないどっしりとしたもののほうがいいに決まっていると言われていたものだ。ところが、最近はどうも風向きが変わってきている。

日本人は空間というものを、石や壁によって囲われたマッチ箱のようなものだとは考えていない。つまり建築とは壁でできた箱ではなく、もともと何もないもの、そこに人間が集まってはじめて人生の舞台となるものと考えた。そのためには、箱なんかなくてもいい。ただ、きっかけとしるしさえあればいい。それが日本人の考え方である。世界の人々も、しだいにそれに気がついてきた。

そうすると、外側の立派な殻《から》よりも、そのなかの空間で人間がいかに生き、何を体験するかを重視するほうが大切ではないかという気運が起こってくる。

そういう目で見ると、日本の「間《ま》」、「座敷《ざしき》」というのは、もともと何も置かれていない。お客が来てはじめて座蒲団《ざぶとん》が出る。たばこ盆が出る。冬ならば火鉢、夏なら扇子ぐらい出る。ついで食事のお膳《ぜん》も出てくる。そして会席が終わると、一切すべてが消えてなくなる。倉や収納庫に納められる。

いわば何もないところに一つのドラマとして、空間が演出される。時《じ》によって空《くう》が生きる。あるいは間によって、そこではじめて生きた人間の季《とき》が流れる。こういう装置が日本の空間なのである。

もっと極端な例に、幔幕《まんまく》というものがある。何でもない一枚の布きれである。一枚の布を置くという魔法によって、そこが聖なる場所に変質する。

卑近な例では、今でも運動会などで来賓席というものは、幔幕を張りめぐらせる。

黒澤明《くろさわあきら》氏も、映画において同じ手法を用いている。

彼は、『乱』のオープニングで、古武士がどっしりと座っている背景に幔幕を張った。布一枚で日本の空間を象徴したということを、黒澤監督自身が述べている。つまり幔幕を張れば、それがヘッドクォーター（本城）になるわけである。

それだけではない。日葡《にっぽ》辞書（一六〇三年、日本イエズス会が刊行した辞書）には、「Yusan ユサン（遊山）」という言葉がのっており「野原や林や山などでの遊び」と説明されている。また「Yusanmi mairu（遊山に参る）」「Yusã guansui（遊山翫水）山中や水辺の遊び」という言葉も紹介されている（岩波書店刊・同辞書838ページ）。

このように、日本人は、戸外のさまざまな行事を楽しんできたが、そのときに幔幕を張る。桜を眺めるとき、あるいは紅葉を愛《め》でるときに、幔幕を張る。そうすると、そこはたちまち、もっとも高貴な人も招くことのできる宴会場になる。

もっと単純になると、大傘一本さしかけて緋毛氈《ひもうせん》を一枚敷けば、どんな貴人でも案内することができる野点《のだて》の茶席となる。それが聖なるセレモニーの場にもなる。それを取り払うと、またもとの原野、無に戻るのである。

このように時とともに、演出的に現われたり消えたりする空間、コンクリートの四角い箱に入れたものではない、こうした時と空の溶け合ったものを、日本人は、「間」として生活のなかで生かしてきた。

だから明治時代にTIMEとSPACEという物理的な概念を示す言葉を訳すのに、やむなく時空に通じる「間」を両方につけて、「時間」「空間」という翻訳語を造ったのである。そういうことにあらためて気がつく。

西洋人は、なぜ「空間」を恐れるのか

日本人はこのように、むしろ「間」を大切にするが、欧米に行くと、どうしてこうまでして空間を埋め尽くしているのだろうかと思われる建築も見かける。カトリックの教会やイスラム教のモスクなどもそうである。

よくいわれることだが、欧米人には虚空《こくう》に対する恐怖心があるという説がある。空というのは虚無であり、無である。無というのは怖い。神こそ「有」であり、「無」は神の不在だからである。そこでひじょうに堅牢な建築を建て、すべての壁面を人工的なもので埋め尽くさなければならない。

つまり、神の造物のなかで、いちばん偉《えら》い人間を中心に考えてみると、人間が行けないところ、人間が知らないところは、怖いわけだ。自分の思うようにならない。行き届かないところだから、何があるかわからない。

逆に何か印を付けてくれれば、そこまで人間が行ったぞということで安心できる。

山でも、西洋人は、あの山があるから征服する。なぜエベレストに登るのか、山がそこにあるからだ。人間の足で踏んでみなければ安心できない、そういう考え方であ

る。

日本の場合は、自然に対する考え方が違う。人間は自然のなかに居る。したがって、とくに何もしなくても、きっかけさえつくれば、みんなで「うん、あれか」ということを、ともに感じとることができる。少なくとも、そう信じている。

つまり自然を対象として、人間の向こう側に見ていない。そのなかにわれわれは居るんだと感じている。

したがって暗示や象徴ということで、おい、あれだよといって肘《ひじ》でつつくと、うん、あれだな。まばたきすると、うん、あれだなとわかる。人はみな全体としての天然自然の一部だから、何もいわなくても共通のものを持っている。日本人はそうである。

つまり、日本人と西欧人とでは、自然、あるいは天然自然というもののなかに自分たちが居ると感じるのか、外側に対象としての自然を見るか、その感じ方の違いがある。

もう一歩進めると、キリスト教では、人間だけでは世界はわからない。だからひじように怖い。何とかこれから逃れる道はないか。そこで全智全能の神・唯一神が生まれてくる。全能の神がいて、それが人間とはこういうものですよ、自然はこういうものですよと、はっきりとした秩序を造ってくれる。神が造った秩序があり、その秩序によって人間が動いているかぎり、人間は神様によって保証されているから、安心だ。これが一神教の世界である。イスラム教も、キリスト教もそうだ。

日本人の場合、その拠《よ》り所《どころ》となるものは、神とも仏とも言えないし、自然とも言いにくい。造化《ぞうか》というか、天然宇宙というか、いわく言い難《がた》いトータルな生命というものを信じているということであろう。

それは生きていて動くものである。見えたり見えなかったりする。樹木や石や、いろいろなところにチラチラと姿を見せるのだが、またすぐ消えてしまう。しかしなくなったわけではない。

そこで、消えているときに、そのあるものが姿を現わすのを期待する、そのためには空白をあけておかねばならない。そこに期待と緊張感が生まれる。これが「間」というものにほかならない。

歳時記《さいじき》は、どこから生まれたか

このように、日本人は天然自然のリズムのなかで生きていると確信するとき、はじめて生きている、存在しているという実感が得られる。このことは、日本人の生活に如実に反映している。

古来、日本人の生活の流れとなっていたのは、年中行事といわれるものだった。平安時代に作られた年中行事絵巻というものがあって、一年の貴族の生活、行事が克明に記録されている。そればかりか、一日の日課も全部決まっている。

これは仏教の行事が主になってはいるが、日本化されているために、仏教というよりも、むしろ仏教的なものや古代からの民衆の習俗を取り入れて、自然のリズムと人間の生活をどうマッチさせていくか、めりはりの「間」をいかにつくっていくかということを整理し、ととのえたものである。

このめりはりの細かさは驚くべきものだ。宮廷の人たちが、じつに忙しく年中行事の日課をこなしていったということが、文学や記録からうかがうことができる。

それが貴族たちだけかというと、けっしてそうではない。農民も同様である。現代でもそうだが、田舎の村へ行くと、しょっちゅう寄り合いがあり、祝いごとがあり、それが年中行事のようになっている。

連歌・俳諧などには、必ず季節にかかわる言葉が必要とされている。いわゆる季語である。そこで歳時記《さいじき》というものも生まれる。森羅万象を詩句にうたうとき、すべて自然のリズムのなかに位置づけていることになる。それを合言葉にしなければ文学が成り立たない。文学が成り立たないということは、現実が成り立たない。

人間の生活はすべてが季節と引っ掛からないとありえないのだというのは、世界でも日本人だけの文化である。

これだけ年中行事が切れ目なく続くと、逆に「間」がないのではないかという人がいる。

これは「間」がないのではなく、「暇」がないのである。「間」というのは、じつは切れ目である。この場合、行事と行事のあいだが間だ。しかしそれも、ただ機械的に、何時間、何日ごとにありますよというのでは、間にならない。

間を外す。「せぬ暇」を生きなければいけない。そのときに間が充実して実感できるというのが、生活のなかにおける「間」ということである。

たとえば鼓《つづみ》の場合、「間」は、三秒とか、四秒とか、そのように正確にはっきりと測れるものではない。一つの呼吸と同じだということからいえば、四季の行事のあいだの間というのも、それと似たものだといえる。

このように、間のとり方は、時代により、場所により、さらに人によって違っても、いっこうにかまわない。むしろそれにふさわしい間をとらなくてはならない。それには間を外して、せぬ暇を大切にしていく必要がある。

五、〈道〉ということ

みちのく〝もみじ〟に見るダイナミズム

奥羽地方は「みちのく」という。文字どおり道の奥である。このため、都からははだ遠い、へんぴな奥地というイメージが、世の中に蔓延している。しかし、はたしてそうだろうか。

ふりかえってみると、私自身、じつはひじょうに鮮烈な体験がある。それは、私の心を、魂の底から揺るがすようなものだった。

私がまだ、ものを書きはじめて間もないころだったが、秋のころ、日光《にっこう》を抜けて、とくに意識するともなく、ひたすら北へ北へと車を走らせていくと、北の山はいちめんのもみじである。

「もみじ」それ自体は驚くにはあたらない。それまで私は、京都、奈良などを巡《めぐ》り歩いてきたなかで、桜ともみじを、日本の美の一つの象徴として考えていた。そこでイメージにあったのは、掌《てのひら》のようなもみじだったが、みちのくを奥へ奥へとさかのぼって行くと、そこにあるのは、まことに絢爛《けんらん》豪華、鮮烈なもみじであった。

もみじは、気温の低い、山の上のほうから始まって、しだいに下へ下がってくる。

逆に言うと、車でだんだん登ってゆくと、ベタ金の、まさにこれが金襴緞子《きんらんどんす》というものかと思ったほどだが、そのなかへ踏み分けていくような気がしたものだ。

さらに十和田湖《とわだこ》のあたりまでみちのくを行く。

ふつう、もみじの風景というと、もの静かで、うらぶれた秋の夕暮れといった感じがするものである。たとえば京都で、もみじというと、大原《おおはら》の寂光院《じゃっこういん》のもみじが、ひとひら池に浮かんでいるといった、侘《わ》びた山里の風景が目に浮かぶ。

ところが、みちのくのもみじは、そんなものではない。枯れ落ちて消えていくという風情ではさらさらなく、ひじょうにエネルギッシュであり、最後の生命を燃焼しつくして、むしろ生命を謳歌しているとすら思われた。それほど衝撃的な印象だった。

そこで、もみじをさらに考える手がかりとして、日本の古代文芸を調べたところ、おもしろい発見があった。

たとえば『万葉集』に「もみずる」という動詞が出てくる。ただし「もみずる」というときは、赤ではなく、だいたいが「黄色い葉」を指している。しかもこの言葉が出てくるのは、万葉集のなかでも愛やエロスといったものを詠う歌、そのなかで、もみじが用いられることがわかった。

そうしてみると、私たちがふつう日本的な自然、日本の美というときに連想する、ひじょうにわびさびた、もの静かな光景は、じつはその奥で、激しくダイナミックな動的生命に裏打ちされているということになる。

同時に私は、花が咲き、枯れて、また芽をふく。こうした輪廻転生《りんねてんしょう》というか、生と死が、いわば一対のものとして、激しい動きのなかに生きていることを実感した。

というのも、ただ地理的にみるなら、みちのくは文字どおり「道の奥」、つまり都からもっとも奥ふかく遠いところでしかない。

ところが、ひるがえって歴史をふりかえってみると、驚いたことに日本の思想家、芸術家、宗教家、つまり日本の歴史のなかで、日本とは何か、自分は何かということを探した巨人たちが、いく人もみちのくの旅をしていることに、気がつく。

それはだれかというと、たとえば西行《さいぎょう》。それからかつて私が触発された一遍《いっぺん》上人、そして『奥の細道』の著者、芭蕉《ばしょう》である。

この三人が同じくみちのくの旅をしている。そこで何が起こったのか。みちのくの旅には、どんな特別な体験があるのかということを、私はあらためて、自分の体験に照らして考えざるを得なかったのである。

最澄《さいちょう》、空海《くうかい》と、みちのくとのかかわり

それでは、昔からみちのくが、それほど文化、芸術から縁遠いところであったかというと、じつはどうも、そうではないらしい。

最近の考古学的な研究から、新しい事実が明らかになった。たとえば縄文前期、紀元前七〇〇〇年、六〇〇〇年あたりの狩猟文化、森林文化の時代においても、人々は今まで私たちが想像してきたよりもはるかに豊かで、文化的にも高い暮らしを営んでいたらしい。その縄文文化の盛えたのは、むしろ東日本で、三内丸山《さんないまるやま》の例を挙げるまでもなく、とりわけ東北地方なのである。

また地理的に見ても、ユーラシア大陸と陸続きであった古代はもちろん、歴史時代においても、日本海側のほうが大陸との交流が盛んだった。

そうした目で「みちのく」を見直してみると、もう一つ違った姿が見えてくる。そ

れは意外にも東国の仏教者たちの姿である。

というのも、仏教の信者であるないにかかわらず、日本人の心の持ち方や考え方を、歴史的に探っていこうと思えば、どうしても仏教を避けるわけにはいかない。日本人が自分とは何かと考えはじめたのは、仏教というかたち、言葉、考え方を通してだった。それを最初に明らかに自覚し、選択して主張したのが、平安初期の最澄《さいちょう》と空海《くうかい》だった。

最澄と空海は何をしたのか。一口でいうと、仏教を日本人のものにした。あるいは日本人の気持ち、万物を巨《おお》きな生命のはたらきの現われとみる心を、仏教の言葉を借りて語った。ここから日本人の精神史は始まるといっていい。

つまりそれまで何千年と日本人が考えていたものを、最澄、空海が、そこで初めて明らかにしたのである。そのきっかけに東国がある。

つまり、この二人と、みちのくとの間には、深い関係がある。というのも、最澄自身は琵琶湖周辺の生まれ、空海は四国の佐伯《さいき》氏の出身だが、最澄の後継者には、東国や東北の出身者が輩出しているのである。

たとえば、慈覚《じかく》大師・円仁《えんにん》は、下野《しもつけ》の国（栃木県）の出身である。のちに比叡山《ひえいざん》・延暦寺《えんりやくじ》と三井寺《みいでら》が分裂するわけだが、延暦寺の主流派の多くは、東北の出身者だった。

それには理由がある。

最澄は、中国から渡来した鑑真《がんじん》和上を、終生心の師と仰《あお》いでいた。その鑑真の一の弟子に道忠《どうちゆう》という人物がいるが、鑑真がつくった日本の三大戒壇院《かいだんいん》の一つである下野の薬師寺《やくしじ》を中心にして、旺盛な布教活動を展開していた。最澄はこの道忠と、いわば、同盟関係にあった。また道忠の弟子に広智《こうち》という人物がいて、その弟子にあたるのが円仁である。一言でいうと、比叡山にいた最澄をバックアップしていたのは、じつは東国にいた道忠とその弟子たちの仲間だったといえる。

この道忠・広智の一派はなかなか勢力が強く、天台宗の思想、考え方、これを一口でいえば、「草木国土悉皆成仏《そうもくこくどしつかいじようぶつ》」誰もが仏になれる、成仏《じようぶつ》できるということになるが、この新しい思想を東北地方に、どんどん広めていった。

ところが、すでに東北地方では、奈良仏教の一派である法相宗《ほつそうしゆう》の徳一《とくいつ》という人物が、布教活動を行なっていた。やがて徳一は、最澄の東北進出に対抗して、最澄と大論争をすることになる。

徳一の出自には不明な点が多いが、奈良・東大寺で修行したあと、一生を東北の布教に打ち込んだ人で、最近研究が進むにつれ評価が高まっている。

あの空海も、手紙を送って、東国での真言《しんごん》密教の布教について、協力と援助を徳一に求めているのである。これにも徳一は、厳しい批判を加えている。

こうしてみると、平安の初期、日本人が自分たちを何かと考え始めたとき、その思想的な胎動は、法相宗の徳一を間にはさんで、空海、最澄との三つ巴《どもえ》というかたちで始まったとみることもできる。そこから、東北という風土の持つ、思想的に刺激的な意味が明らかになってくる。

さらに時代が下ると、西行法師は若いころと晩年と、二度もみちのくを回っている。西行法師はいわば勧進聖《かんじんひじり》、つまり寺院諸堂の修理・再興のための、さまざまな寄付金を集めるために諸国をめぐったといわれているが、いうまでもなく、西行の歌と思想は旅によって円熟し、形成されたことは、間違いのないところだ。

なぜ一遍上人は、みちのくを遊行《ゆぎょう》したのか

鎌倉時代の一遍上人は四国の出身だが、「遊行上人《ゆぎょうしょうにん》」とも呼ばれた。法然《ほうねん》上人より百年ほどあとに出て、年齢的には日蓮《にちれん》の少し下だが、ほぼ同時代を生きた名僧である。極楽浄土《ごくらくじょうど》を説く一遍時宗《じしゅう》の開祖となった。一生を旅に送り、人の集まる「道場」と名づけたものはあるものの、寺をいっさいつくらず、けっして一カ所に定住することはなかった。

これこそ、まさに「道」の思想、「遊行」の実践者であった。

一遍上人といえば、なんといっても踊り念仏である。これは、ひじょうに激しい踊りで、現代流にいえばディスコで踊るような踊りを三十人、五十人、ときには二百人以上も集まり、みな胸に掛けた鉦《かね》を叩き、声高く念仏を唱えて恍惚となり、円陣をつくって踊ったのである。

一遍上人は、瀬戸内で名をはせた河野《こうの》水軍の一族の出だが、七歳のころ出家して、九州で修行をする。それから父の死によって一度還俗《げんぞく》して、もとの豪族に戻る。ところが、さらに二十歳代に俗世の暮らしに嫌気《いやけ》がさして、もう一度意を決して家を捨て、再出家する。やがて熊野権現《くまのごんげん》で悟りを開き、布教に乗り出す。信州の佐久《さく》郡で初めて踊り念仏を始め、そこから東国へと行脚の旅を続ける。

ついに白河の関を越えて、みちのくにいたるのである。

この道行《みちゆき》はいったい何だったのか。当時すでに一遍上人の踊り念仏と名前は、中央でも地方でも、徐々に浸透してはいたものの、けっして強大な教団を形成してはいなかった。有名な国宝の『一遍上人絵伝』には、東北の雪の道を、粛々として、十数人の弟子を引き連れて一遍上人が歩いている、まさに遊行の人々の群れの姿が描かれている。

そのとき彼はいったい何を考えていたのだろうか。何のために、みちのくを歩いていたのだろうか。布教のためであれば、もっと人口の多いところはいくらでもある。

一つの理由として考えられるのは、承久の乱(一二二一年)にさいして後鳥羽《ごとば》上皇に味方して敗れ、流刑先で死亡した祖父、通信《みちのぶ》の墓が、奥州の江刺《えさし》(岩手県)にあったことである。いわば自分の血族のなかの死者との結縁《けちえん》のためではなかったか。

自分は悟りを開いた。阿弥陀《あみだ》仏の誓願《せいがん》によって成仏するという信念を得た。そこでまず佐久にある叔父・河野道末《みちすえ》の墓に詣《もう》で、さらに奥州で祖父の墓に詣でる。こうして実際に身内の死者と心を通わせることによって、頭のなかの存在であった阿弥陀仏の誓願の力を、具体的に身をもって知ろうとしたのであろう。

今も時宗には「すすき念仏」という行事が残っていて、すすきの穂の出るころ、土《ど》饅頭《まんじゆう》のまわりを「南無阿弥陀仏」と唱えながらまわる。秋、すすきの季節に、死者と交流することで死というものを実感し、しかもそこで、生命をもう一度把握しなおすという行事である。

そのためには、一遍上人には、みちのくの旅が必要だった。そこでは生と死が、燃えるもみじのなかでひとつになっている。みちのくの旅はそのためだった。

捨ててこそ

生と死を別のものと考えず、ひとつの真実の表裏一体の現われとして考えたところに、一遍上人の称名《しょうみょう》念仏の特質がある。それを具体的に、わかりやすく実行したのが、一遍上人の生涯の旅であり、遊行なのであった。

ふつう旅といえば、ひとつの目的を持って、ある場所に到達すること、つまり目的を達して、何かを発見することに価値があると考えられている。目的地に行きつけば、旅は終わりである。

しかし、一遍上人は旅のなかで一生を終えた。終点はなかった。それはなぜか。もう一度ふりかえって旅というものを深く考えてみると、旅にはもうひとつの顔がある。

つまり、旅では、日ごろの自分の生活を振り捨てて、まったく違うところに身を置いている。日常性から自分を引きはなし、裸になっている。時々刻々、いまの自分を捨てて進む。その次の瞬間の自分もまた捨ててゆくという現実がある。

それではどこへ行くのか、一遍上人の一生は、どこへも行かない。旅のプロセスそのものに価値があった。

このように旅には、目的というよりも、むしろその途中、旅のプロセスに価値を置くという考え方がある。それこそが日本人における道の思想の、具体的な発露だった。

なぜ一遍上人は「捨て聖」「遊行上人」と呼ばれたのか。なぜ、念仏成道《じょうどう》のためにそのような行動をえらんだのか。そこには、じつは一遍上人が先達《せんだつ》として深く傾倒していた西行法師の深い影響が、かくされている。

それには、次のような挿話がある。

ある人が一遍上人に手紙を出して、「そもそも本当のお念仏とは、どのようにするのが一番いいのでしょうか」と聞いた。念仏と言うと、現代ではたいへん抹香《まっこう》くさく聞こえるかもしれないが、「真実の生き方、本当の悟りとはどういうものか」という必死の問いかけと受け取っていい。

すると、一遍上人はただ「南無阿弥陀仏」と口に念仏を唱えるほか、さらに心を工夫する必要もなく、ほかにこれという名案もまったくないと答える。

ではどうすればいいのかと、さらに突きつめたところ、西行法師が書いたと言い伝えられていた『撰集抄《せんじゆうしよう》』という本のなかに、こういう話があるという。

ある人が、やはり空也《くうや》上人に念仏をどう唱えればよいかとたずねたところ、上人は「捨ててこそ」と一言だけ答え、あとは何も言わなかったと。

これだと、一遍上人はいっているのである。

何も要《い》らない。すべてを「捨ててこそ」である。救われたいという心も捨てる。信じるという心も捨てる。念仏の行者《ぎようじや》は、智慧《ちえ》をも愚痴《ぐち》をも捨てる。善悪の境界をも捨てる。貴賤《きせん》上下《しようげ》の道理をも捨てる。地獄を恐れる心をも捨て、極楽を願う心も捨てる。

「一切のことを捨てて申す念仏こそ、弥陀《みだ》超世《ちようせい》の本願に、もっとも叶《かな》いそうらえ」

そのために彼は、遊行の旅を続けたのである。

また芭蕉についても、芭蕉が心の拠《よ》り所《どころ》として、本音をもっとも端的に語っているのは、『笈《おい》の小文《こぶみ》』のなかの短い文章である。

芭蕉は西行以下、世阿弥、利休《りきゆう》といった日本の代表的な思想家、芸術家の名前を挙げ、これらの人々にただ一筋貫いている、貫道しているものがあるという。それは何かというと、「造化《ぞうか》にしたがい、造化にかえれ」ということだと述べている。

こうしてみると、芭蕉にとっても、みちのくへの旅は、それまでの静止的、日本的な情緒、あるいは中国的な観念的な思想を乗りこえて、真の境地へ歩み出すための、生命にあふれる一撃だったと思われる。

では「道」とは何か

では、日本で「道」がなぜ「遊行」と呼ばれるのだろうか。

老荘の言う「道」には、端的にいうと三つの意味がある。一つは「真」、それから「道」、そして「遊」である。この三つの要素が一つに溶けあわさっているところが老荘のいうところの道の真の姿である。

これについては、すでに寺田透《てらだとおる》氏や、カトリック教の側からも門脇佳吉《かどわきかきち》氏が論じられているが、なかなか深い意味がある。

中国でも、はじめは「為《な》すべきこと」を意味していたが、やがて「為さざること」、人智を超えた窮極の真実を意味するようになった。それが、老荘によって、いよいよ深まったのだという。

このひろく、ふかく、またあいまいな「道」を、これと定義するのはむつかしいが、日本の道教研究の第一人者、福永光司《ふくながこうじ》氏は、「道」に六つの要素をあげておられる。

一は、真、
二は、無為、無形、無名性、
三は、造化のはたらき、
四は、無私、
五は、自化自成の自然、
六は、万物をつらぬく「道」という総体である。（原文意訳）

つまり、「道」とは、突きつめたところ、任《まか》せること、天のなりゆきに任せることである。それが日本では、荘子《そうし》のすすめた遊行、遊ぶという面が強くなってくる。「遊ぶ」というと、ふつうはプレイ、人間が何かを積極的に楽しむことと考えるが、日本では、もっと深い意味があることは、先の章でも述べたとおりである。

文字の成りたちからみていくと、「辶＝シンニュウ」は進むということを表わし、「斿」は旗を表わしている。つまり、人が旗を持って、ひとつの場所にとらわれずに、前進して歩いていくというのが「遊」の文字の語源だ。

ちなみに、道の「首」は頭であり、「辶」は進んでゆくことである。

なぜ旗を持って進むのかというと、古代の中国や朝鮮半島では、人が亡くなると旗を持って行進して死者を送り、生死を超えた清浄な生命の世界にともに歩み入るのを祝うという風俗があった。

古代日本でも『日本書紀』や『古事記』に、同じ葬送の賑《にぎ》やかな儀礼がしるされている。

祝と書いて「はふり」と読み、〈祝人＝はふりびと〉などという神職があった。はふりは罪・穢《けが》れを放り捨てるという意味から、神につかえる祭りや行列や儀式を行なった。

これと関連して、天皇が亡くなったとき、棺や祭儀の用具をつくり、霊前で歌ったり踊ったりする部族があり、これを〈遊部＝アソビベ〉といった。

このような故事から、死者や霊界にかかわる、日常と聖別された「遊び」の古い意味が想像できる。

道教では、道は「タオ」、または「トオ」と言う。この「トオ」が「掟《おきて》」や道徳から、自由闊達な遊びへと重心を移していくところに、日本人独自の心の工夫、つまり「道」の思想の日本化があるのではないか。

そのために、日本の古代から中世の思想家たち、最澄、円仁、円珍《えんちん》、西行、一遍、芭蕉たちは、みちのくに心を遊ばせたということもできる。

では中国の「道」と日本の「道」とでは、どのような違いがあったのだろうか。

思うに、中国の老荘や儒教もたしかに人生論ではあるが、かなり哲学的、思弁《しべん》的な面が強い。いわば抽象的な教えである。中国の仏教でも同様だ。

ところが、これがひとたび日本に入ってくると、ひじょうに即物的、生活的になる。つまり、理屈はともかくとして、それがこの自分たちの日々の暮らし、目に見えるいまの別の現実に、どうかかわっているのかという、具体的なあり方を求めることになる。

そこで「道」を見直すと、目の前に見えてくるのは、あの自然の、もみじの風景であり、またその風景に身を任せきる生き方そのものである。つまりそれが遊びという形になって現われてくるのである。

時々刻々プロセスに熱中する

考えてみると、日本人の文化は、むしろ遊びを生活のなかで、とことん突きつめたところに、本すじがあると考えることもできる。西欧キリスト教文化とは、「遊ぶ」という言葉の意味そのものが違うのである。

「遊ぶ」には、もちろん遊戯と通じるものもあるが、さらにこれを突っ込んでいくと、『源氏物語』でも数多くみられるように、「すさぶ」、風が吹きすさぶというような自然現象にも用いる用法に通じる「あそび」がある。それが形容詞になると「すさまじい」になり、また「すさぶ」から、「わび」「さび」といった言葉にも転化してゆく。

それはなぜか。

先に触れたが、「遊ぶ」には二つある。一つは気を晴らすこと、気分転換することだ。フランス語のディベルティスマン（divertissement）には、心の向きをかえるという意味がある。

ところが、もう一つは、逆に周囲を忘れて一点に没頭、集中することである。極端な話が、競馬でもパチンコでもいいのだが、すべてを忘れてそのこと自体に没頭する。勝っても負けても、パチンコの玉を打ちつづけるという、遊びの瞬間の熱中は、まさにすさまじいものがあるのではないか。

たんに気を散らして、気まぐれにぶらぶらするのではなく、もっと激しい、自由に集中した姿が本当の「遊び」であり、その集中して我を忘れたときには、我を超えた何かのなかに踏み込んでいるのではないか。

小さなものかもしれないが、パチンコにもそうした瞬間があるし、あるいは博打《ばくち》や競馬にもあるかもしれない。さらに、遊びがひじょうに洗練純化されたかたちでは、和歌、俳諧、茶の湯、活け花などがある。夢中になって、それに没頭したときに、もっとも自由になると「道」というかたちが出てくるわけである。

日本人は「道」を身近なところにひきつけて感じている。日本人は、あちら側に芸術がある、あそこにむつかしい詩《うた》がある、手のとどかない絵があるとは考えない。みなが自分でそれをやってみる。水墨画でも俳諧でも茶の湯でも、活け花においても、すべて人生そのものを芸道にするという考えを自然に身につけている。

だから、たんに芸の技術だけでなく、人生そのものを充実することが目的となってくる。それが「道」の実践である。

そこに遊びがあり、熱中がある。そして自分を超えた「天道《てんどう》」、「天真《てんしん》」に到達しようという姿が浮かび上がってくる。

たとえば、さらに日本では、元来は人を殺す格闘技である剣術でさえ、活人剣などということが窮極に考えられていた。それが剣道となり、その道の達人である宮本武《みやもとむ》蔵《さし》は水墨画に道を求め、すばらしい作品を残しているが、これも考えてみれば不思議なことだ。

また幕末の剣士・山岡鉄舟《やまおかてっしゅう》の墨書は、今でも珍重される高い境地を示している。技術よりも人生そのものを高め、そして天なる真実との一致を目ざすという具合に変容していく。

柔道ももちろん、柔術が柔道となった。茶の湯は茶道、活け花は華道、歌よみは「敷島《しきしま》の道」、歌道ということになる。芸事は芸道となる。

そのプロセスにおいて、何か人間を超えた真実と触れ合いたい、そうした日常性のなかで、しかも目的よりも途中の過程、そのプロセス自体に価値があると考えたわけだ。

当然、もっと純粋に突きつめれば「仏道」となり、「神道」ということになる。一遍上人の時宗は、もともとは臨時宗《りんじしゅう》と言われ、時々刻々を臨終《りんじゅう》と受けとめて念仏を唱えよというのがその教えである。

時々刻々のプロセスそのものにおいて熱中する。熱中することによって枠を超える。そこでは、もみじの激しい造化のエネルギーが、気がつかないうちに、念仏という行動の規範になっていたのではないかと思う。

復活する書《しょ》の「道」

さて、私たちに身近な「書の道」について語ってみたい。じつは私も、書にはもっとも親密な自己充実感を覚えるからである。

世はあげてパソコン時代といわれるが、一方では相変わらず書道の展覧会もよく開かれる。また、古書の展示にも名士の墨跡が数多く並んでいる。画廊を歩いていても書展が目につく。

そればかりではない。デパートなどで、とくに中国製の、書道用の紙や用具の展示即売会が年じゅう開かれていて、ずいぶんと高価な筆や硯《すずり》が売られている。どういう人たちが買い求めてゆくのだろうか。

そういう専門家の他にも、知人や友人のなかでも、毎日筆を持って何十枚か「手習い」するのが楽しみだという人も多い。パソコンで文書を作成するのが当たり前となった今日でも、それは変わらない。

それどころか、ひそやかに「書」が大流行のきざしを見せているようにみえる。カルチャー・センターの書道教室は、どこも満員である。世の中が暇になって、金のかからないレジャーとして習字も盛んになったといわれればそれまでだが、それだけではすむまい。かつては、書が、多少は世渡りの道具として役に立っていたから、趣味と実益を兼ねることもあったが、今はひたすら遊びであり楽しみである。

しかも、書は、いわゆる画商の扱うような商品として流通することはない。とくに愛好家やお弟子さんたちが、高価な値で譲り受けることはあっても、マーケットはないのだから、画家の絵が売れるように書家の書が売買されることは少ない。

もう少し話をひろげると、最近、若い人たちの間で三味線をギターのように弾《ひ》くのが好まれている。NHKのテキストが何十万部も売れたという話もある。さらに、能・狂言・文楽などが静かなブームを起こしつつある。

それは、いずれも職業として役立てようというものではない。しかし、戦後すっかり西欧近代化した生活様式のなかで、このように、日本の伝統的な芸事が復活してくるのをみていると、今さらのように伝統文化というものの、根ぶかい力強さに感嘆せずにはいられない。

いったい何が、私たちを惹《ひ》きつけるのであろうか。

草野心平《くさのしんぺい》氏と白井晟一《しらいせいいち》氏の書

たとえば「書」は、まず字を書くことである。字とは言語の意味を伝える記号だというのが今日の考え方である。書は、その字をわかりやすく美しく造型することのようにみえる。しかし、いうまでもなく達筆の書は、なかなかどうして読みにくい。だいたい意味も説明を受けなければわからないのが実情だ。

造型といっても、一定のきまった様式があるわけではない。むしろ、その書かれた瞬間の、運動の軌跡ともいうべき墨の色や、にじみやかすれなどという、意図した定型からはずれた、いわば偶然の造化をことに珍重し、味わうことになる。

意味もわからず型もきまらない字を、なぜ私たちは眺めて楽しみ、かつ書くことをするのだろうか。むしろ書く習練を積むことによって、次第に書かれた書の味わいもわかってくる。書はだから絵のように、専門家の描いたものを対象化して眺めるものではない。

そもそも書はデザインなのか字なのか。ここのところが最近、とくに先鋭的な、書の意味より純粋な造型性を追求する墨象家と、伝統的な書家との論争の的でもある。しかし、私はこのような論の立て方自体が、書を見るもの、読むものという視覚的対象としている点で、大切なものを見落としていると思う。

私の親しく尊敬している先輩に、書を書く方が二人いた。もちろん専門的書家ではない。お二人ともすでに亡くなったが、一人は詩人の草野心平《くさのしんぺい》氏だ。年をとればとったで不思議に書はよくなるものだよ、おもしろいなと彼は言う。

もう一人は建築家の白井晟一《しらいせいいち》氏である。中国の手本からはずれないように毎日何百枚も書くと自然に自分の造型がきまってくる。建築をつくるのと同じ楽しみだな、という。

私はお二人のゆき方のまったく正反対な話に、たいへん興味を抱いた。

草野氏の場合では詩人としての自分の生き方を、書を書くうえで確かめようとしている。白井氏ももちろん、むしろ建築家として造型というもの、筆の下から生まれてくる型と意味との兼ねあいを体得しようという気持ちがあふれている。

見せるため、見るために書くという態度ではない。ふりかえってみれば、中国の能《のう》書家《しょか》でも、日本の三筆《さんぴつ》といわれる聖人名人でも、書を書くことを職業とし、人生の目的とした人物はいない。宗教家であり官吏であり詩人であり、ときには漂泊者でもある。

なぜ、良寛は書《しょ》を書いたのか

近頃、良寛の人生をたどっていて、この想いをいっそう深くした。僧にして僧に非《あら》ずと言われた良寛は、中国の書を手本にして、毎日机の上の分厚く積み重ねられた紙が真っ黒になるほど練習をしている。しかし、人のために書を書くのを、たいへん嫌った。

その字は承知のように、ときに幼児の遊び書きのようにもみえる。彼を書家と見なしたのは後世の人であって、本人にその気はなかった。

では、彼は、なぜ書を書きつづけたのだろうか。

書を書くことが目的でないとしたら手段だろうか。何の手段なのであろう。そこらが、分析すればするほどわからなくなる。だが、私は思う。わからないのが正当な見方なのだ。そこに書というものに対するきわだった特徴がある。日本人にとっての芸、もしくは芸道というものの本質が現われていると思うからだ。

書は、字として意味を目指しているが、それらの字句はけっして、単一の確定した意味を持っているのではない。もともとが象形文字であり、画像的に意味を超えたある世界の意味を表象しようとしている。しかも多くの場合、その字句の背景に神話、伝説や経典、詩句をふまえていて、書はそのほんの暗示にすぎない。

書を書くことは、その意味を形として伝達するのではなく、その言語の世界全体を、書くという行為を通じて体験することなのである。見るのではなく筋肉を動かすことによって、ほとんど無意識のうちに、智も情も意志も一体化した、ひとつの象徴化された世界の雰囲気を生きることである。

それは言葉をかえれば日常的な人生の時間を、より質の高い密度の濃い人生として自覚し、かつ、その意識さえも、すばやい筋肉と視覚と、全身の感覚の対応のうちに消えさる極限まで、自己を鈍化することではあるまいか。

だから、いわば純粋な生の時間を生きるというのは、生き方の問題であって、専門化し分業化した職業とはなりえなかったのである。そこには、裸になることによって、全体性をとりもどした人間の軌跡そのものがあるからである。

書はだから、見ることよりも、むしろ書くことに意味がある。見ているときも、心はその跡を、なぞり書いているのである。

かつて、書の楽しみは筆と紙とが接して墨の滲《にじ》むその触覚を指尖《ゆびさき》から全身で味わうことにあると、私は書いたことがある。

とかく管理化され、分極化された生活を強《し》いられる現代、己れのすべてをとりもどそうという希求が、私たちをいま書へと引きよせているといったら、いいすぎであろうか。

芸事が、なぜ日本では道になったか

ところで、書でも、書道といわれることが多い。「道《どう》」というのがつくのは、茶の湯が茶道、活け花は華道、芸事は芸道、といったたぐいで、例をあげればきりがない。武道、武士道といった言い方も、ごくふつうに使われていた。

思うに、こう何でもかんでも芸事に「道」をつけるようになったのは、そう古い昔ではあるまい。おそらく、明治以降のものが多いであろう。

それゆえ、この「道」に、わざとらしい封建的な、倫理道徳の宣伝臭を感じて嫌う向きがないわけではない。

とくに第二次大戦後は、剣道も柔道もスポーツとして、しだいに技術競技へと脱皮をはかった。それはそれなりに固定観念の狭い枠をひろげるのにも役立ったが、皮肉なことに、このスポーツが西欧でとくに好まれるのは、それが「武道」だからという逆説を生み出した。

では、日本の芸事は、それまでは「道」ではなかったのか。私はむしろ逆だと思う。すべて芸事、武術が「道」であることはもともと自明のことであったから、わざわざ「道」とつける必要はなかった。

明治になって、近代西欧風の技術主義が主流となってきたために、古来からの芸事は「芸道」として、ことさら「道」をふまえてゆくことを自覚したというのが実情であろう。

では、この場合の「道」とは何か。これは大問題である。というのも、日本人なら、誰しも、なんとなく、この武道、芸道、書道などというときの言葉のニュアンスの差が、たんなる技術や知識や表現とは異なっていることを、実感として体得できる。

しかし、では、これをはっきり規定してみよといわれても、それはきわめて困難であり、ときには不可能だとさえ思われる。なぜならそこでは、言葉にならない要素が、おそらく、もっとも中心的な重要性を持っているからである。

しかし、あえて私の感想を述べると、「道」とは、いうまでもなく、出発点から目的地までの過程・プロセスである。「道」は、出発点そのものでもなく、到達点そのものでもない。その両者を含んでかつ、つねにその途中にある。

いわば、きわめて微分積分的な位置にあり、かつ、道はただ二つの点の間の距離ではなく、そこを歩み進んでゆくものがあればこそ道となる。道という言葉には、だからすでに、運動してゆく人間の姿が前提となっているのである。

そう考えると、道は、じつにひろがりを持った、ひとつのしくみ全体を指していることになる。つまり目的である終着点は見えないが、たしかにある。しかも先人たちがすでに歩んでいった道である。

だが、その価値は、そこに達したがゆえに得られるのではなく、つねに過程にあるという点、しかし時々刻々と、いまここにある自己を否定し、同時に刻々といまを生きる自己を実現してゆくという、その姿をよしとするのである。

その強い方向性が、社会的には、倫理的な規範となって動くこともある。また、その進んでゆく方向性は、型の洗練となって行動を規制する。しかし、もっとも重要なことは、その倫理や型にとどまることを許さない、厳しい自己否定の意識である。

巡礼の旅が意味するもの

では、いったい、はてしない道を私たちはどこへ行こうとするのであろうか。すでに述べたように、この発想には、厳密な過程のうちに、すでに究極の世界が孕《はら》まれているという実感を前提にしている。唐突なようだが、私は、この道をもっとも具体的にしたものは、巡礼の旅のように思われる。

西国三十三カ所の観音めぐりとか、四国八十八カ所、弘法大師のお遍路《へんろ》というものが、片時も途切れることなく続けられている。巡礼の道のプロセスのひとつひとつが、人生の浄化の実現である。日本の芸道や武道の究極に、どこか宗教的な恍惚《こうこつ》感が秘められているのは、そのためであろう。

ところで道は、自分で勝手に創り出すものではない。向こう側から呼び寄せてくるものである。それは自我を超えた、大きな共同体の歩んできた枠を実践することを、自らに課することになる。日本の芸道が、まずまねび習うことを強調するのは、その人間を超えた法則性にふれて慣れるためである。

そう、これがいちばん重要な点だが、道（みち）、あるいは道（どう）というとき、それは抽象的な方法とか経路を意味していないことである。

歩くという行動・習練という動作、全体としての身体をもって道を行なうとき、はじめて道というものが現われることになる。そこでは、智・情・意といった、人間の機能の分化は許されない。行為とは、もともと全身的なものを、世界に向かって投げ出すことに他ならないからである。

話をもどすと、今日私たちが、たとえば書を書くことに精を出すとき、むつかしいことは考えないとしても、その楽しみの奥には、このような身体性の回復とでもいうべき、無念無想の充実感を味わう瞬間があるのではないだろうか。

じつは今日私たちの身のまわりには、さまざまな肉体的な安楽を提供してくれる道具に充ちているようにみえる。しかし、問題は、情報は情報として頭だけに分離し、感覚は、たとえば聴覚だけに限定され、行動は、ルールや衣装にしばられたスポーツ風の枠にはめられてしまう。

智・情・意が全体としての一個の身体性となって、無言のうちに己れが、さらに巨いなるものと一体化する充実感が失われてしまった。書をはじめ伝統的芸能のひそやかな流行は、このような文明への告発ともいえるのである。

私たちは、やはり「自然」という巨《おお》きなめぐりの衲《ころも》に身をあずけ、心のなかに抱いているのではないか。書道に似た芸術は、西欧にはない。

西欧の自然《しぜん》と、日本の自然《じねん》

じつは、「自然《しぜん》」とよむ言葉は、明治の初期に西周《にしあまね》という哲学者が、ネイチャーという言葉を翻訳して作った言葉である。

西洋で言うネイチャーとは、いうまでもなく物質であり、動かないもの、そしてまた観察できるもの、手に触れることができるものである。

ところが、それまで日本人は自然を「ジネン」と読み、むしろ「ありのまま」という意味でしか使っていなかった。では私たちがいう春夏秋冬の動くもの、ものをつくり出すエネルギー、生み出す力、生命をなんと言ったか。これが先ほど芭蕉の言葉として紹介した「造化《ぞうか》」である。

そうしてみると、私たちが日常生活のなかで、いま時々刻々を充実するという意味での道、それに没頭するものを支え、それを受け止めているのは何かというと、まさに造化である。

みちのくの旅は、どちらかといえば、いろいろな雑念や日常性のなかで、またいらざる知識、技術で日ごろうずもれている自分が、あの鮮烈なもみじのなかを突き抜け、抜け去っていくことで、造化の理法に触れて、そこで私たちのなかにある本来の一つのルール、生命のルールにめぐりあう機縁になるのだと思う。

なかなか理屈のようにいかないのが「道」ということではあるが、ささやかなりともそういうことをときに思い出し、再びめざめ、考え直すという機会を持っていきたいものだと思う。

六、〈わび、さび〉ということ

日本文化にみる「引き算の美学」

日本文化といえば、すぐ、「わび、さび」という言葉が浮かんでくる。外国人にも、茶の湯、活け花、俳諧とのからみで「わび、さび」という言葉だけは、よく知られている。しかし、ではあらためて、どういう意味かと質《たず》ねられると、すぐ答えられる人は少ない。日本人でも、なんとなく感じはわかるが、つかまえどころのないのが実情だ。

何か、「シブイ」「ワビシイ」「老イサラバエタ」感じがする。だが、はたしてそれだけだろうか。それだけではこれだけ長い年月を経て、日本人の生活にしみこみ、心を支える力を持つはずはない。伝統というものは、ふだんははっきり目に見えなくとも、いや、それだからこそ、いつの時代にも、姿・形を変えて生きつづける強い生命力を持っているのである。

そのヴァイタリティとは何だろうか。

「わび、さび」という枯れさびれた風情と生命力とは、一見、相《あい》反するようにみえる。しかし歴史的事実が「わび、さび」の生命と形の強さを、何よりも雄弁に物語っている。その謎をひとつ突っこんで考えてみよう。

日本人の美学には、ひとつの大きな特徴がある。私はこれを「引き算の美学」と呼んでいる。人工的な才気ばしった不純な添加物を削りとり削りとりして、眼前にあるものから、どんどん引き算をしてゆく。そうすると、最後に裸の真実の姿が浮かび上がってくるという考え方である。

その一例としておもしろい話がある。日本では彫刻というと、平安時代以降、本流をなすのは、ほとんどが木彫だ。これは木をだんだん削り出していくのだが、名人は自然の木を見ると、その向こうに仏の姿が見えるという。

これは「引き算」の美学の極致である。

その逆に、西欧の彫像というものには、目に見えない理想的な規制という観念がある。その完璧な観念＝Idéeに向かって、現実の世界で次々と粘土を付け加えてついに理念に到達する。これは「足し算の美学」である。それがいわば西洋流の、彫像の発想である。

庭園でもそうである。日本人はまず、天然の山林をそのまま選択する。その自然の姿からどんどん無駄なものを削り、いろいろな樹木や石を引き算していくと、より裸の自然が露呈してくると考える。それが日本庭園の美の謎である。

西欧の場合は、名園といえば幾何学的な秩序にしたがって次々と彫像を置き、整備をしていく。そういう発想の違いがある。まったく逆の発想である。

日本人の心情が型となった室町時代

日本の伝統、日本人らしさといったときにすぐ思い浮かぶのは、伝統芸能と呼ばれるものだ。これらは、平安時代、鎌倉時代から、文化底流として生まれているが、主に室町時代にその様式が確立して定着したものである。

たとえば能・狂言、また茶の湯、活け花、連歌などだ。さらには歌舞伎の原型となった「風流《ふりゅう》踊り」も、だいたい室町時代から桃山時代にかけて定着し、様式化したものである。

われわれは、日本の伝統とか、伝統芸能などというが、それらが古代に出来上がって、今日まで続いてきたのかというとそうではなく、いろいろな神遊びや労働歌、仏事、神事に外来の遊芸がとけこみ、じつは室町時代から意識化されて型を整えていった。

では室町以前と古代とに、どういう関係があるのかという疑問が、次に起ってくる。

結論からいうと「もののあはれ」という感動の様式が、古代から中国や東アジア文化の影響を受けながらも、無意識のうちに日本の民衆や民族の生活のなかで生きていた。それが自覚化されたのが平安時代、とくに『源氏物語』の世界だが、それが一般大衆の間に拡がり確立したのが鎌倉時代から室町時代であったといえる。

今日からみると、室町時代といえば、奈良時代にくらべればごく近い時代である。そのあたりで、古代からの日本人への心情が、型として結晶化している。

ではその型をきめた要素は何か。その精神は何かということになると、よく言われているように、「幽玄《ゆうげん》」であるとか「わび、さび」という言葉が浮かび上がってくる。

そこで、この日本的美の中核ともみえる「わび、さび」を、形と心の上で、もう一歩進めて深く掘り下げてみたい。

私たち日本人の胸の底には「もののあわれ」という心情がある。しかし、それはけっしてうらぶれたものではない。そればかりか「あわれ」という言葉は、自然のエネルギーを借りて、それと自分が一体化するという積極的な意味でもあった。

日本には、そうした心情が古代からあり、それが日本人の歴史のさまざまな断面で、あらわになって現われる。それがいわば「キーワード」としての「わび」「さび」である。

たとえば「あわれ」から発していて、「わび」「さび」とは対極の概念に思える「色好み」という言葉がある。

「色好み」は、もともとは、もちろんセクシュアルなニュアンスが強かったが、個人的なものではない、ひらかれた生きるエネルギーの源であった。そこから熱情的な「遊び」である「好き」が生まれ、「数奇《すき》」、すなわち数奇者の茶の湯へとつながる。

日本の文化は、はたして「静的」か

日本の伝統芸能には、雅楽《ががく》、歌舞伎、能、謡曲、狂言、茶の湯などいろいろな要素があるが、どちらかといえば、たしかに雅楽や謡曲や仕舞《しまい》に現われているように、単純な動きで、リズムの緩《ゆる》やかなものという印象が強い。

茶の湯は、いうまでもなく、静かに湯のたぎる音を聞いて、一服の茶を喫《きっ》すればそれでよい、そこに自然と合体する極致があるとよく言われる。「和敬清寂《わけいせいじゃく》」の境地である。

いずれにせよ、エネルギーがあまり感じられないというのが、現代人から見た日本の伝統芸術の共通のイメージである。退屈だ、テンポが遅い、老人くさい、おもしろくない。

たしかに表面的に見れば、そうかもしれない。しかし、はたしてそれだけだろうか。すでに見てきたように、静かな表現の裏には、むしろ激しい否定と肯定を繰り返し、凝集したエネルギーが秘められているのではないだろうか。

先日テレビで、能役者が静かに舞台に立っているときの脈拍数を測定していた。こういう一見科学くさい方法を私は好まないが、その結果は驚くべきものがあった。なんと、最高二五〇を超えていた。

やはり何といっても、創造的エネルギーというものなくして、芸道も文化もありえない。創造的エネルギーとは、人間が真に生きているということ、そのこと自体だからである。

あるグループが、ある時代に、ある物事にエキサイトする。そこで何かを自己表現して、それが社会的なかたちをとる。そこにはじめて芸術というものが発生する。現在の日本の伝統芸能をみると、様式主義、家元主義に凝《こ》り固まっているように見えるが、発生の段階では、けっしてそうではなかった。

茶の湯でも、寺院の薬湯《やくとう》としての普及のほかに、「闘茶《とうちゃ》」という賭け茶が行なわれていたことは有名だ。鎌倉時代末から室町にかけて爆発的に流行し、一晩中、莫大な金品を賭ける大宴会となって、世の顰蹙《ひんしゅく》を買ったほどだ。

その典型的な人物が、南北朝時代にいる。私がたいへん興味をひかれている人物で、『太平記』に登場し、バサラ大名の代表といわれた佐々木道誉《ささきどうよ》である。

彼はまず、書院茶の元祖だといわれている。つまり、彼自身それも行なったが、それまで闘茶といわれ、たんなる遊び事、博打《ばくち》同然であった茶を、書院の茶としてまとめた。それから活け花の本を書いたともいわれている。これは偽書という説もあるが、そういわれるぐらいだから、活け花の家元のようなものである。

猿楽、能・狂言の大スポンサーであり、さらには連歌集『菟玖波集《つくばしゅう》』の編纂者の一人であり、自分でも数多くの連歌を作っている。

こうしてみると、この得体《えたい》の知れない、政治的には大変な戦略家、謀略家であった佐々木道誉という人は、明らかに室町芸術の大プロデューサーといっても、さしつかえないのである。

エネルギーが爆発した「田楽《でんがく》踊り」

こうした中世の底流から噴出した日本人の古代自然的エネルギーは、闘茶ばかりではない。そこには意外にも、激しく躍動する、エネルギーにみちた日本文化の側面がみえる。この日本文化の「静と動」の二面性は、一時、縄文的なるものと弥生的なるものとして、日本文化の特質とされた。

事実、今も日本の文化史をみると、穏やかな枯れて荒涼とした冬の風景と、湧きかえる狂乱の生命の表現がある。

それを西欧では、人間性の生と死、善と悪、理性と肉感などととらえるが、その根源にさかのぼると、じつは自然そのものの、創造と破壊という要素を孕《はら》んだ二面性に基礎を置くものと考えられる。

この古代的人間文化の二面性は、古代ギリシァ神話では、アポロン的な明るい静かな生と、物狂おしいディオニュソス的な暗い熱狂としてとらえられている。これは大宇宙の二面性であって、その全体のトータルなものが宇宙像であった。

古代インドのヒンドゥの神、シヴァ神も、破壊と創造の二つの面を持っている。いわば、この古代的自然のイメージを、日本の文化もたどったとしても不思議はない。

ほかにも、舞《まい》をみてみよう。鎌倉時代末期、日本では荒々しい時代を作り出す政治的、社会的動きがあった。その文化でのひとつの現われが、一世を風靡《ふうび》した田楽《でんがく》踊りである。

『建武年間記《けんむねんかんき》』という記録に記《しる》された「二条河原落書《にじょうかわらのらくしょ》」というものがある。

犬・田楽《でんがく》ハ関東ノ　ホロフル物ト云《イイ》ナカラ　田楽ハナオハヤル也

「犬・田楽は、関東の滅ぶるもの」とは、鎌倉幕府は、闘犬や田楽に遊び狂って滅びたという意味だ。それが今度は、都でも猖獗《しょうけつ》を極めていると批判している。踊りで一つの政権が腐敗堕落してつぶれてしまったといわれるほど、大流行していたことがわかる。

田楽踊りは、性的にも、抑圧から爆発的に放たれるという性格があったらしい。当時は、今日でいう流行歌にあたる今様《いまよう》という歌謡が、たいへん流行《はや》っていた。その今様を集めて、後白河法皇が編纂させたのが『梁塵秘抄《りょうじんひしょう》』である。

帝《みかど》をはじめ上流貴族たちも、白拍子《しらびょうし》（遊女）らと一緒になって、盛んに歌いあそんでいたものらしい。上流階級がそんな具合であれば、地下人《じげにん》、庶民たちのあいだでも、もう大流行であった。こうした庶民のエネルギーが、田楽踊りにも結びついていったのである。

そのうちに、衣装も派手になってくる。『洛陽田楽記《らくようでんがくき》』という記録には、

「錦繍《きんしゅう》をもって衣《ころも》となし、金銀をもって飾りとなす。富者産業《ふしゃさんぎょう》を傾け、貧者《ひんじゃ》期してこれに及ぶ」

つまり、金持ちは自分の財産も傾け、貧乏人までもが、その真似をしているという。

田楽踊りというものは、もともとは田植えのとき、豊穣《ほうじょう》を祈願するための神遊びであり、その底には、自然の生産エネルギーを触発するために若い男女がセクシュアルな身ぶり、手ぶりで猥雑《わいざつ》な踊りをしてみせた。これが一挙に大流行する。その田楽踊りが、やがて洗練されて、風流《ふりゅう》踊りというような言い方に移っていくのである。

風流《ふりゅう》に秘められた深い意味

「風流」を、今日風の読み方で「ふうりゅう」というと、私たちは風鈴《ふうりん》の音やコオロギの声などを想像するが、このように源流をたどると、激しいものが秘められていることがわかってくる。じつは、田楽踊りをもう一歩突き進んで掘り下げ、洗練を加えていったのが風流《ふりゅう》だともいえる。

では、なぜそれを風流と言ったのか。いろいろ文献を見てゆくと、おもしろいことがわかる。じつは、あの老人くさい風流《ふうりゅう》とは、まったく正反対の印象が強く浮かんでくる。言葉とはおもしろいものである。

風流という言葉の流れには、風狂《ふうきょう》、風癲《ふうてん》などという言葉もある。風邪《かぜ》、風疹《ふうしん》、風《ふう》疾《しつ》などという悪い意味もある。風というのは、必ずしもソヨソヨと秋風が吹きわたり、ひそかにススキの穂を波うたせていくようなものばかりではない。

風流という言葉をいちばん使っているのは、じつは一休《いっきゅう》禅師の『狂雲集《きょううんしゅう》』という漢詩集で、その中にはこの文字が百五十二回も出てくる。

また、『狂雲集』の中で、一休禅師はたいへん熱烈な男女間の情愛を露骨に荒々しく詠《うた》っている。これは形を借りただけで、じつは仏教の悟りの境地を書いたのだという人もあるが、しかし、いずれにしても『狂雲集』は風流、風狂の詩集である。

どうも「風」には、自然の中の荒々しい要素が託されているようだ。自然には、太陽が輝き、そよ風が吹き、花が咲くといったような春のような自然がある一方で、台風、地震、疫《えき》病といった暴力的な要素もある。これらの要素が「風」という言い方をするときに、どうも込められているように思う。

つまり自然の暴力的な、ある意味ではディオニュソス的な、そういう抑え切れないようなエネルギーをも、「風」という。それに「狂」がついて「風狂」になると、ますます過激ということになる。

「狂」というと、今日では私たちは、個人的に気がおかしくなるという意味に受け取っているが、仏教では、「狂」と「愚」とが対比的によく使われている。

最澄が比叡山に入山するときに、「自分は愚のもっとも愚なるものであり、自分は狂のもっとも狂なるものである」と言っているし、また一遍上人も「狂悪なるものかな」ということを言っている。

親鸞《しんらん》聖人は自らを「愚禿《ぐとく》」と呼び、良寛さんは、自らを「大愚《たいぐ》」と呼んでいる。

おそらく「愚」というのは、不勉強で優柔不断、決断をしないこと。それに対して、凝《こ》りに凝るほど熱心だが、非常にファナティックで、どこまでもエネルギーを凝集していく、そういうものが「狂」であろう。

その結果、まわりには気がおかしくなっているように見えるということだ。自然の過激な力に人間が乗っかって、それをどこまでも突き進めていくというところに、「風狂」という一つの姿勢が現われてくる。

この田楽踊りの系譜は、風流踊りとなり、時代にともなって推移し、さらに、能の原型とされる猿楽《さるがく》というかたちになる。これなども、猿の楽というくらいで、字からしてもそうだが、最初は物真似で、相当に猥雑《わいざつ》なものであったという。

念仏踊りなどというようなものも、芸能化されて、浄瑠璃《じょうるり》、歌舞伎へといたるわけだが、歌舞伎にしても、その語源は「かぶく」だという。「かぶく」とは、斜めになることである。

自分が斜めになる。体をちょっと斜めにする。真っ直ぐ行けばいいものを、肩を怒らして斜めに斜めにジグザグに行く。

これが「かぶく」である。

今風にいうならば、アバンギャルド、ラディカリスムといえようか。

茶の湯の精神が行き着くところ

こうしてみてくると、あの静かな茶の湯のもっとも典型的な境地とされる「わび、さび」にしても、その一皮《ひとかわ》めくった、本質的な部分には、「風流」「風狂」に通じる激しい生死を賭けた境地があったのではないか。

ごく単純に考えても、まず千利休は切腹を命じられている。一芸術家であり、武士でもないのに切腹をしているのである。

その一の弟子に、山上宗二《やまのうえそうじ》という人がいる。私はこの人の残した手記を千利休についてのもっとも正確な資料だとみているのだが、文章が確かで言うことが正確である。

この人物は、利休によって秀吉《ひでよし》のお茶の指南役に推薦されていながら、茶の湯という芸術で生活の糧《かて》を稼《かせ》ぐのは、恥ずべきことだと堂々と書いている。なかなか変わった人物である。

この人がどういう運命をたどったかというと、秀吉の怒りを受けて追放になる。それを利休がとりなす。しかしまた秀吉を怒らせるようなことをして、結局は、鼻を削《そ》がれ耳を削がれて、斬殺されてしまった。

また、利休の弟子といわれている古田織部《ふるたおりべ》、この人も徳川《とくがわ》家の茶道御師範とまでいわれながら、大坂夏の陣で謀反《むほん》を疑われて自刃している。

こうしてみると、利休とその周辺の優《すぐ》れた茶人には、ほとんど天寿を全《まっと》うしている人がいないのである。

これはやはり、茶の湯のかたちというよりも、茶の湯の精神に本来そなわっている、のっぴきならない、過激さの証《あかし》ではないかと、私はひそかに思うのである。そこには、体制のなかで生きていくのとは違った論理、価値観が生きていて、それに忠実になろうとすると、必ずどこかで衝突する。すると、平気で命すらも賭けてしまう。

バサラ大名・佐々木道誉《ささきどうよ》の大花見

そこで、先ほど「バサラ」という言葉を紹介したが、これが「わび、さび」とどうかかわっているのか考えてみたい。ここにも、「わび、さび」の源流があるからだ。

ところが、この言葉がわかったようで、またわからない。まず、当時の記録に出てくるバサラというのは、とにかく突出していること、人に目立つこと。姿、形、行為が意表を衝《つ》くこと。自由奔放でエネルギッシュ、世の中のルールを突き抜ける。そういった行為全体がバサラといわれていたようである。

辞典で「ばさら」を見ると、仏教で「伐折羅大将《ばさら》」という神様がいる。これは仏教で薬師如来《やくしにょらい》を守護するため、宝剣を持って、いろいろな悪者を打ち砕く武人のことだという。また、「過差《かさ》」とある。過激ということだが、バサラの明確な定義はない。

そこで、道誉が具体的にどのようなことをしたか、ということを紹介しておこう。

まず有名な話に、「勝持寺《しょうじじ》の花見の宴」がある。自分の政治的ライバルが、天皇をお呼びして、自分の屋敷で花見を催《もよお》すということを耳にした道誉は、そのちょうど同じ日にぶつけて、京都の郊外、西山《にしやま》の勝持寺で、大花見の祝宴を行なった。

花見といっても、ただの花見ではない。当時のハイソサエティ全員に声を掛けて呼び集め、山海の珍味をそろえ、それにお土産まで持たせる。さらに福引まで付いて、賞金がいまのお金にして何億円といったような桁外《けたはず》れの大遊興を催したのである。当然、ライバルのパーティはがら空《あ》きとなり、面目丸つぶれである。

さて、当日、どうしたかというと、彼は桜の花を活けた。桜の花といっても、勝持寺の庭の三抱《かか》えほどある巨大な桜である。これをわしは活けるぞと宣言した。どうしたか。

切ってしまったわけではない。まさに発想の転換で、花瓶を鋳掛《いか》けたのである。だから桜の木は切っていない。花瓶のほうを鋳掛けた。おそらく巨大な花瓶であったろう。何抱えもある桜の木に鋳掛けて、その前に巨大な香炉を置いて香をくべた。

香というのは、ご承知のとおり、耳かき一かきぐらいの量で使うものだが、道誉は何斤《きん》という香をドーンと投げ込んだ。その香煙は風に乗って京都のまち全体を覆《おお》ったという。これが佐々木道誉のバサラの花見である。

私はじつにおもしろいと思う。たしかに花見だが、花は切らなければ活け花にならないという発想を、見事に切って捨てている。スケールにこだわることもない。

またこの時代は、いわゆる活け花が今日の形をとるにいたる、細かいルールが作られつつある時代だったので、その意味でも創造的美意識のもっとも先端を、彼は走っていたということができる。

楠木正儀《くすのきまさのり》との化《ば》かし合い

道誉について、もう一つ、『太平記』に有名な話がある。当時は南北朝の戦乱の時代で、京都も戦場となっていたのが、勝ったり負けたりで、南朝方と足利方《あしかが》とが、かわるがわる占領を繰り返していた。

佐々木道誉も都に入り、自分の邸宅を構えていたわけだが、楠木正成《くすのきまさしげ》の息子で、正行《まさつら》の弟にあたる楠木正儀《まさのり》が攻撃をかけてきた。道誉方は形勢不利となり、京都の屋敷を捨てて逃げることになった。

その当時、戦争で邸宅を引き揚げるときは、焼き払って出るのが常識だった。敵の手にかかれば、いずれにせよ焼かれてしまうのだし、相手にわざわざ生活物資を残しておくこともないからである。

しかし、道誉はそうしなかった。そのとき彼は、自分ほどの武将の屋敷に後から入ってくるくらいの者ならば、しかるべき名のある大将であろうと考えた。そこで、屋敷を焼き払うどころか、大広間にきちんと接待用の畳を敷き並べ、書院飾りの茶の湯の支度を見事に整えた。三幅対《さんぷくつい》の絵、王羲之《おうぎし》の草書などなど完璧に準備をしたあげく、おまけに二人の茶坊主まで残して、退却していったのである。

そこへ楠木正儀が入ってくる。さすがは佐々木道誉だ、やりおったなというわけで、たいへん感心する。ところがしばらくして、また形勢が逆転して、今度は正儀が京から退却することになった。

屋敷を引き払うにあたり、正儀は、これほどのもてなしを受けたからには、やはり武将のたしなみを見せなくてはならぬというわけで、「庭園の木一本をも損せず、百畳の畳一畳をも失わず」、きちんと入居したときそのままの状態にして、おまけに寝室には自分の秘蔵の鎧《よろい》に白太刀《しろたち》一振を土産に置いて、さらに下男を二人止め置き、そうして退却していったというのである。

このやりとり、血なまぐさい戦乱の巷《ちまた》に奥ゆかしいといえば奥ゆかしい。しかし過激といえば過激である。『太平記』の作者はなかなか辛辣《しんらつ》で、このやりとりをまことに見上げた風流な話だと言っておきながら、一方では、結局楠木は、あの古だぬき佐々木道誉に手玉にとられて、屋敷もそのまま、おまけに太刀と鎧を取られてしまったという京の民衆の戯歌《ざれうた》を付け加えている。

「バサラ」の精神とは何か

その後道誉は、息子の郎党が門跡《もんぜき》寺院である妙法院《みょうほういん》で、紅葉《もみじ》の枝を折ったということで諍《いさか》いを起こしたあと、軍勢をくり出して妙法院を焼き払い、都を追放になる。

都を出るときも華やかな武者行列を仕立て、五百騎ばかりの騎馬武者が美々しく着飾り、白拍子まで従えるというありさまであった。さらには宿場宿場で宴席を催して、歌や踊りにうち興じては酒盛りをする。

また当時、鶯《うぐいす》を飼って鳴き声を競うというのが、熱病的にはやっていたらしい。それが贅沢《ぜいたく》だというので禁止のお触れが出されているぐらいである。道誉の一行はその禁制の鶯を籠に入れて、これみよがしに都から退出している。

そのうえ、比叡山延暦寺が神聖なものとしている猿の皮を剝《は》ぎ、その皮を尻に敷き、弓矢を入れる袋まで猿の皮でつくり、レジスタンスを見事にデザイン化して表現していた。しかも近江まで来ると、そこは本来、佐々木氏の領地であったので、行列は、雲散霧消してしまったという。これこそ、バサラの精神の実践である。

そこにあるのは、既成の固定した秩序に対する拒否、爆発するような生命力、エネルギーである。

それだけなら破壊に終わってしまうが、そこから新しい自己表現の様式というものを生み出している。道誉は、自分の気紛《きまぐ》れではなく、その時代の代弁者として、芸術全体のスポンサーとして、そういう逸話を造り出している。

そこにはやはり、バサラというかたちで現われた、古代からの日本の底流を流れている本当の命が見られるといえる。

もともと日本では、真実というときに、何か固定した実体的要素ではなく、生命の根源的なものを全体として受けとめている。神といっても、目に見えないが、やはり動くもの、形に現われるものとして考える。

本居宣長が、大和心《やまとごころ》をさぐる手がかりとした「あわれ」という言葉が、生命にみちたエネルギーとなって、形を成してきた根源がそこにはある。だからこそ、室町以降、茶の湯も、能・狂言も、連歌・俳諧も、日本の伝統的芸道の様式として確立して、今日も生きつづけているわけである。

「バサラ」から「わび、さび」へ

では、この「バサラ」的な姿勢が、どうして、「わび、さび」へとつながってゆくのか。

それを考えるカギとなるのが、じつは、鎌倉時代の初期にさかのぼるが、『新古今和歌集』の歌人、西行《さいぎょう》法師である。

彼は藤原定家《ふじわらのていか》とともに、春や夏の、花や蝶ではなく、「秋の夕暮れ」に日本人の原風景を見出した。そのとき、「さびしい」という意味にすぎなかった「さび」が荒涼としたネガティヴな晩秋の風景から、ポジティヴな天然宇宙の生命の原型として再発見されたのである。

この「さび」はまた中国老荘《ろうそう》の言葉をとって「幽玄体《ゆうげんたい》」と当時呼ばれた。のちに、観世《かんぜ》流の祖、世阿弥《ぜあみ》が能の極意として「幽玄」をとなえているのは、偶然ではない。

ともあれ、このとき西行たち新古今の詩人たちは、古代的エネルギーの素朴な信仰から、意識的な逆転の発想へと転換したのである。この「さび」が、「バサラ」の美学にも、大きな百八十度の転換を与えることになる。

だから、「わび、さび」を知るためにも、その内に秘められた、古代的バサラのエネルギーをまず見ておく必要があった。「わび、さび」とは、その意味では「バサラ」の反転だったからである。

日本人が拠《よ》って立つものとは何か

では、古いものを否定し、爆発的エネルギーで新しい真実の形を模索しているアバンギャルドが、どういう形を様式として択《えら》んだかを考えてみると、当然そこには、ある種の意識化され、コントロールされた精神の力がなくてはならないはずである。その根拠とは、何であったのか。

私は、じつはその謎を、日本精神史のなかにたどっていきたいと考えている。いわば、わが胸の底なるもの、引き算して引き算して、最後に残った、言葉にならないあるもの。それは何か。

それがいろいろな形をとって現われてくる。それがどのような型として洗練されて、様式として定着するのか。そのぎりぎりの拠《よ》って立つ踏み台はどこにあるのか。それを知りたい。その跡を訪ねなくてはならない、と私は考えつづけてきた。それが私の日本文化、精神史である。

そういう目で日本の古代からの膨大な資料を読みすすんでゆくと、ひとつの流れが見えてくる。日本人の精神史として、系統立てた記録として残されているのは、じつは歌論であり、芸術論である。言い換えれば文芸論である。

言葉にならないと言いながらも、やはり日本人は、言葉をめぐって最後の答えを追求していたということができる。このことは、日本の文化を考えるうえで、見逃してはならない柱なのである。それはなぜか。

一章でも触れたとおり、日本には、古来より「言霊」という言葉がある。

日本人は、言葉というものを、たんなる意味を伝達するだけの道具ではなくて、そこには目に見えぬ秘められた真実があり、言葉を超えたトータルな宇宙に到達するルートであると考えた。言葉を、道具以上の霊力《れいりょく》を持っている真実としてとらえていたのである。それが明らかにしるされているのが、歌論であり、連歌・俳諧に関する思想である。

「言霊」という語には、今まで流布している二つの誤解がある。

ひとつは、言霊を事物とその名前とを区別できないため混同した、社会の迷蒙《めいもう》な無智とする見方。もうひとつは、とくに第二次大戦以来、この迷信を逆手《さかて》にとって、天皇制を絶対化する頑迷な保守反動の仕かけたわなだという見方だ。

しかし、今や二十一世紀は西欧哲学も言語の時代といわれ、その深い意味が、あらためて問われているのである。

だから素直に、言葉の持つ力を信じた文章をよむ必要がある。

そこで室町時代以来の伝統芸術に通じる「幽玄」や「わび、さび」といったようなコンセプトも、じつは歌論をたどることによって明らかになってくるのである。

ただしそのさい、歌論を、歌の詠み方の技巧、技術だけを論じたものと読んでは間違いだ。当時の日本人のものの感じ方、真実へのアプローチ、認識の仕方、そのような広い精神探求の記録として読まなくてはならない。

西行法師の大きな功績

さて、これらのなかでもっとも古くから知られているものは、『古今集』の冒頭にある紀貫之《きのつらゆき》の仮名序《かなじょ》だ。そのなかに「花実相応《かじつそうおう》の論」というものがある。一口にいえば、「花」は表現、「実」は内容、あるいは真実と考えていい。

つまり、内容と形式、真実と表現との関係をいかにして一致させるかということを、明確に論じたものである。この関係を論じていること自体、すでに「言葉というものが、そのまま真実を伝えているとはいえない」ということが自覚されていることの証《あかし》である。

では、その言葉にできない真実は、はたしてどこに行ったのか。それをさらに突っ込んで考えぬいたのが、鎌倉時代の『新古今集』の歌人たちである。とくにきわだっているのが西行法師だと思う。

かいつまんで紹介すると、西行がいっているのは、自分が和歌を詠むのは、たんに風景や文物に心を動かされて詠んでいるだけではない。歌という形の中にあるそれを超えたあるもの、形に見えないもの、その向こうにある、えもいわれぬ真実をつかまえたいと思う。それは仏道で悟りを得ることと同じことなのだ。

だから和歌を作るということは、自分にとっては一つの仏像を造り、また密教でいう真言陀羅尼《しんごんだらに》を唱うることと同じだ、と。

真言陀羅尼というのは、ひじょうに重い意味があり、言葉は、ただ仏の言葉ではなく、それ自体が仏そのものであり仏のはたらきをしているというのが真言陀羅尼である。したがって、言霊という考えと、きわめて近い。

だから西行は、和歌こそは日本人の真言陀羅尼であるという。ここでは言霊と真言陀羅尼の発想が融合し、オーバーラップしている。西行はそのことを明確に自覚していたのである。

その西行の歌論に感動して、新しい和歌への道を踏み出したのが藤原俊成《ふじわらのしゅんぜい》であり、その息子の定家《ていか》だった。

当時、一方では「達磨歌《だるまうた》」などといわれ、仏教くさいという非難も受けているが、和歌がいわば思想性を、ここではじめて明らかに担《にな》ったということができる。

新古今の歌人たちは、あの荒涼たる冬景色にすぎない「さび」の奥にかくされた、天然の生きた真実を嗅《か》ぎあて、そこにもっとも根元的なるものとして、道教の「幽玄」という言葉を対応させた。ここで「さび」は「幽玄」の意味をあらわにしたのである。

「枯れかじけて寒かれ」

それ以後、「さび」たる冬景色に裸の真実を見ぬく「幽玄体」の流れは西行、俊成、定家から、正徹《しょうてつ》、心敬《しんけい》、宗祇《そうぎ》に引きつがれ、連歌に関する歌論が次々と書きつがれていく。そして室町時代、いよいよ茶の湯の成立を迎えることになる。

では、先ほど紹介した佐々木道誉のバサラ茶を、あのわび茶に転換したのは誰か、いつのことか。

その人は、あの有名な一休禅師に師事した村田珠光《むらたしゅこう》だったとされている。さらにその村田珠光の弟子の武野紹鷗《たけのじょうおう》がわび茶を完成し、それを大成したのが紹鷗を師と仰いだ千利休なのである。

ところで村田珠光、そして武野紹鷗は、じつはもともと本職の連歌師だった。村田珠光は一休禅師から禅の理念を受けついだが、同時に日本の連歌の歌論を受けついでいる。それを武野紹鷗も引きついだというわけだ。

こうしてみると、いままで茶の湯というと、そのバックボーンはとかく禅宗、仏教だと思われてきたが、それはもちろんのことだが、さらにそれを貫いているのは、じつは歌論に流れている日本の言霊、真言陀羅尼という言語に対する自覚的なアプローチだということがわかる。

では、その言語のアプローチが何を求めたかというと、やはり言葉に表わせない言葉の向こうにある真実ということになる。言葉に表わせない真実、これこそ茶の湯の真実であり、宇宙の真実であり、いわく言い難いものだという。これを具体的に示すヒントを一つ採り上げてみよう。

「心敬法師が連歌の話にいわく。連歌は枯れかじけて寒かれといふ。茶の湯の果てもそのごとくなりたき。武野紹鷗つねに辻玄哉《つじげんさい》に言はれしとなり」

これは千利休の弟子、山上宗二が記録しているのだが、武野紹鷗、すなわち利休の師匠は、「枯れかじけて寒かれ」というのが連歌の極意であり、茶の湯の究極もこれだと言っている、と。

では「枯れかじけて寒かれ」とは何だろうか。

これこそ「さび」の風景である。「さび」は「さびし」と衰弱した状態をいうが、しかしその元の意味には「本来あった生気と活気が失われて荒涼とした感じ」と古語辞典には書いている。つまり原型回復のイメージを、根本に孕《はら》んでいるからである。

「さび」を進んで人間が受け入れた生き方が「わ（我）がさび」となり、「わび」となる。「わび茶」とは、自ら「さび」をえらびとって生き切る人間の美学である。

見るからに寒い冬に枯れ枝が一本ある。死を思わせるようなスタティックな姿が目に浮かぶわけだが、その深層に秘められた再生のエネルギッシュな天然自然の理法を考え、また自然の造化の生命のめぐりを考えると、そこには春を迎えようとする生命力が凝縮しておさえにおさえられた姿、生き生きとした力に溢《あふ》れた情景が浮かび上がってくる。永遠の生命がそこにある。

だから、茶の極意をしるしたとされる『南方録《なんぽうろく》』のなかで、武野紹鷗が、わび茶の真髄として、藤原定家の、「新古今三夕《さんせき》の歌」のひとつを、いつもすすめたと伝えている。

見わたせば　花ももみぢもなかりけり
　浦のとまやの　秋の夕暮

まさしく、「さび」た天然自然の晩秋の風景そのものである。
また、利休は、わび茶の本意として次の歌をつねに口に吟《ぎん》じていたという。

花をのみ　待つらむ人に　山里の
　雪間の草の　春を見せばや

季節はまだ荒涼たる「さび」しい冬の雪景色である。命の証《あかし》となる緑も花も、すっかり雪に埋もれている。しかし、この枯れかじけて寒い白一色の雪の下には、はや山中でも草の芽が、小さな芽を、熱っぽく暖めている。そこにはすでに春の生命が芽生えている。

地上の荒涼として凍《い》てついた冬景色と、雪の下の草の芽の命、その両方は相矛盾するものではない。いや同時進行しながら宇宙の真実を暗示している。

花を待つより、凍った雪にこそ生命の命を感得する、そこにこそ「さび」の真の風景があり、その「さび」に生きるのが「わび」なのだと利休はいっているのである。「わび、さび」には、このように極端にまでコンセントレーションされた生命力が内包されている。一見表面は冬のようであっても、春とともに芽吹く爆発的な潜在力を予感させるという意味を持っている。だからこそ、今日までも茶の湯や伝統芸術は生き続けているのだと思う。

七、〈あわれ〉ということ

「あわれ」と「あっぱれ」

よく「もののあわれ」ということばに触れるが、日本人の心持ちのいちばん深いところで、口をついて出てくる言葉は何だと言われたときに浮かび出てくるのは、やはり「ああっ」、「あっぱれ」とか「あわれ」とかいう言葉であろう。

しかし考えてみると、「あわれ」というと、やはり、なんとなくうらがなしい、ものがなしいという気分で今日では用いている。また、「あわれな人」だとか、「あわれなことになった」などという言い方もする。

一方、「あっぱれ」というと、褒《ほ》めたたえる言葉になる。

子どものころ歴史の本で読んだ話だが、那須与一《なすのよいち》が、海上はるか離れた小船の上で扇を開いた平家の公達《きんだち》から、さあ腕があればこの扇の的を弓矢で射《い》てみろと言われる。そこで、ひょうと射た矢が、ちょうど扇子の真ん中を射抜く。そのとき敵も味方もこぞって「あっぱれ、あっぱれ」と言って掌で舷《ふたばた》を叩いてどよめいた、という話が私の印象に深く残っている。

こうしてみると「あわれ」とは、いずれにしても感動の言葉だが、この二つの用法は正反対のような気がする。つまり前の場合はなにかうらがなしい、ものがなしいような気分。後の場合は、晴ればれと褒《ほ》めたたえているようにきこえる。

とくに「あっぱれ」というのは、「ああ、晴ればれしい」という心と思われる。「あっ」というのは誰でも使うが、驚きと感動の言葉だ。「はれ」というのは、これが、なかなかむつかしく、奥がある。「はれ」といえば、ふつうは空が晴れていることだが、日本人は、まずそこで、ひろびろとした海や自然を想う。

次に自分の心が、ひろく拡がり、空のように晴れているときに用いる。それはどんな場合かというと、今日なら「晴ればれ」した気持ちといえば、くさくさした雑用が片づいたときなどに用いるだろう。

しかし、古代の日本人にとって、いちばん心が晴れるのは、仲間の前に出ることであった。仲間の前に目立つのは虚栄心の現われのようだが、仲間とともに表立つ場は、古代では神をまつる儀式が主だった。だから晴ればれするのは、神の前の心なのである。

そこで民俗学は、生活を「はれ」と「け」とに分けた。

いわゆる「晴れ着」「晴れがましいとき」などに見られるような公《おおや》けの場の儀式、華やかな、非日常的な心や生活習慣の高まりを「はれ」と言った。

一方、日常に埋没した日常生活の営みのことを、「け」と分類している。もしその説を用いるなら、「あっぱれ」は、公式の場での感動を意味することになる。

「あわれ」にこめられた二つの意味

ここで「あわれ」という言葉を『国語大辞典』で見てみると、やはり漢字としてはまず「哀れ」という字があててある。

説明は「うれしいにつけ、楽しいにつけ、悲しいにつけて、心の底から自然に出てくる感動の言葉」とあり、「ああ」とか、「あら」とか、「やれやれ」といった意味だという。

これだと、公式の場での晴れがましい心持ちというのとは、少し違う。むしろ個人的な心持ちにみえる。

しかし、深く注意して考えてみると、嬉《うれ》しい心、楽しい心というものが、心の底から自然に湧くというのは、心理的で意識的な反応の結果だけとはいいきれない。

あわれという感動は、個人のコントロールをはみ出し、自分では押さえきれない個人を超えた感動に人が動かされている。そこが大事である。

その場合、自分があわれなのか、他人があわれなのか、自然の風景があわれなのか区分がつかないことがある。

これと反対に『古語辞典』（岩波書店）では、「事柄を傍《かたわら》から見て讃嘆・喜びの気持を表わす際に発する声」というのが第一に書いてある。

これは、むしろ「あっぱれ」の意味であろう。「それが相手や事柄に対する、自分の愛情の気持ちを表わすようになり、平安時代以後は、多く悲しみやしみじみした情感、あるいは仏の慈悲を表わす」ようになったという。

しかし、もっと古代からの用法にも、むしろ根本にひろい、しみじみとした感動を表わす意味があったのではないか。万葉集でも「あはれ」は愛欲の恋情としても用いられている。これが「あわれ」のひろがりの原型である。

時代が下ると、力強い儀礼的な晴れがましさは、讃嘆が促音化して「あっぱれ」という形をとるようになり、言葉として「あわれ」と分かれたということになっている。

ここでは二つのことがわかる。一つは、「あわれ」には讃嘆や喜び、嬉しい、楽しいなどという感情を表わすのと、哀惜や悲しみを表わすという二つの使われ方があるということだ。さらにそれが時代によって用法が移り、最初は楽しいこと、嬉しいことに比重がおかれていたのが、だんだんとしみじみとした情感を表わすほうに比重が移っていったという。これが、『古語辞典』の説である。

これも考えてみると、日本人の心の微妙なはたらきを見事に表わしているようにみえる。喜びも哀しみも同じだろうか。もちろん正反対だ。しかし感きわまると嬉し涙がこぼれることもある。一方、泣き笑いということもある。

日本人は、喜びも悲しみもその表面ではなく、その心のはたらきの発する、身の内でとらえた。だから「あわれ」は、喜怒哀楽の想いすべてに通用し、そのすべてを含んでいる。ほとんど自然の天候風景の変化に同化しているようにみえる。

もっといえば、日本人の「あわれ」の心には、人間と自然の近代主義的な区別がなくなる。人の「あわれ」も、自然そのものの宿命が孕《はら》んでいる「あわれ」に触発され、対応しているのである。

これは日本語があいまいだといわれる原因のひとつだが、同時に大切な特徴でもある。フランス語では、これをきちんと区別している。pauvre homme というのは、可哀そうな人であり、homme pauvre とは、物質的に貧しい人である。他人について、心と物の状況を、はっきり区別して語っている。大きな違いだ。

日本語はわかりにくいから、はっきりさせろというが、はたしてここまでできるだろうか。これは数千年の歴史の違いだ。

しかし、私にとって「あわれ」という言葉から浮かんでくるのは、ぼんやりとすわって、雨の音をきいていても、風の吹くのを感じていても、深い共感に全身が共鳴するといった体験である。超越者との交感、ふれあいの身ぶるいするような深い感動である。

いってしまえば、自他の区別、自然と人間の区別をはっきりさせないまま、「あわれ」と心を動かす。さらに「あわれ」は、さみしい孤独のなかの心情ばかりではない。祭儀での掛け声などのように、お祭りや行事などで、みなで一緒に叫ぶ声ともなっている。いずれにしても、自分の内部から沸き上がって出てくる、押さえきれない感動があるということである。

なにせ、いちばん深い気持ちを表わす言葉だけに、いろいろな時代やその場その場の状況によって用法は変わってくる。一口で定義するのは、なかなかむつかしい。

古代人の呵々《かか》大笑

しかしとりあえず、具体的な用法を見てみよう。『大日本国語辞典』には、まず『古事記』の中の、次の歌謡が引用されている。

やつめさす　出雲建《いずもたける》が佩《は》ける太刀《たち》　黒葛《つづら》さは巻き　さみなしに阿波礼《あはれ》

「つづらさは巻き　さみなしにあはれ」は、蔓をたくさん巻いた立派な刀だが、中身がないとは大笑いだという意味だ。倭建命《やまとたけるのみこと》の奸計《かんけい》にかかって刀を交換し、とうとう殺されてしまった出雲建の間抜けさを嘲笑した歌である。古代の嘲笑は、あたりかまわず大笑するものらしい。それを「あはれ」と一言でいっている。

また『万葉集』に聖徳太子が詠んだ歌として、

家ならば　妹《いも》が手まかむ　草枕　旅に臥《こ》やせる　この旅人何怜《あはれ》　（巻三・四一五）

という歌がある。「妹が手まかむ」とは、ともに臥《ね》ることだ。はなれた妻を偲《しの》ぶ夫の想いは、はなはだ具体的でエロティックなものだ。

また『古語辞典』では、讃嘆、喜びの気持ちを表わす声として、同じく万葉集から、

あなあはれ　布当《ふたぎ》の原　いと貴《とうと》　大宮処《おおみやどころ》　（巻六・一〇五〇）

さらに『古語拾遺』から「あはれ、あな面白」という用例が挙げられている。

これらは「あな」という感嘆の声が強調されているが、「あはれ」は、ただたんなる感嘆の音声ではない、叫びに似た押さえがたい、身の内からこみあげる自己超越さえこめられている。

細かいことを言うようだが、後で「もののあわれ」ということを考えるときに、この点は問題になってくると思うからだ。

もう少し用例を見ていくと、万葉集から、

かき霧《き》らし　雨の降る夜を　ほととぎす　鳴きて行くなり　あはれその鳥

（巻九・一七五六）

この歌では、歌人と、自然の四季と、鳥とが見事に一体化して、見るものと見られるものとの区別がなく、そのあいまいさが、ふかい広がりとなっている。

『大日本国語辞典』には、謡曲『三井寺《みいでら》』で、

「またわらはを　いつも訪《と》ひ慰《なぐさ》むる人の　候《そうろう》、あはれ来《きた》り候へかし　語らばやと思い

候」

また狂言で、

「あはれ、よい所もあれかし」

なんとかしてほしいという言い方が出ている。

これは願望の表現というよりも、言葉になる前の強い気持ちの動き、身体的な情動が言葉になる前の悲嘆、讃嘆、願望、すべてに共通するということではないだろうか。

『枕草子』と『源氏物語』

少し時代が下ると、こうした感動を表わす言葉がしだいに名詞化して、詠嘆的感情や悲哀が強く生じるようになる。

広くしみじみとした自然などの風情を表わす用法としては、有名な清少納言の『枕草子』「春はあけぼの」の段で、

「からすの寝どころへ行くとて、三つ四つ、二つ三つなど飛び急ぐさへあはれなり」

という文章がある。

『源氏物語』「桐壺《きりつぼ》」の巻には、

「御子《みこ》も、いとあはれなる句を作り給へるを、限りなう愛《め》でたてまつりて」

とある。

この「あはれ」は悲しいという意味ではなく、ひじょうに情感の深い、心を打つ句を御子がお作りになった。それをご覧になって、いっそう限りなく愛情深く感じられたというわけである。

このあわれなる句は、次の「限りなう愛で」というところまで、余韻をひいているような気がする。

また『徒然草』には、

「六月の頃、あやしき家に夕顔の白く見えて、蚊遣火《かやりび》ふすぶるもあはれなり」（十九段）

とある。

この場合あやしいというのは、けげんなという意味ではなくて、ひなびたというぐらいの心持ちでとったらいい。

六月、そろそろ蒸《む》し暑くなってくる。大きな夕顔が闇に浮かぶように咲いている。もう日がとっぷりと暮れる。蚊が出てくるので、蚊遣の煙を焚《た》いている。そこにはつましいながらも生活のにおいがある。誰が住んでいるんだろうか。

夕顔の白さというところに、そのような貧しい賤《しず》が屋《や》にも、やはり花をめでる気持ちが闇の中にぽっかりと浮かんでいるという気分がある。

また『源氏物語』の「帚木《ははきぎ》」の巻に、

「心深しやなどほめたてられて、あはれ進みぬれば、やがて尼になりぬかし」

ここの「あはれ」は、心の感情の深さ、透徹さであろう。

『源氏物語』は「あはれ」の文学といわれるほど、「あはれ」という言葉がたいへんよく使われているが、しみじみとした心や、悲しみや感嘆、さらには、ああなんとかしてもらいたい、ぜひとも、というような願望や思い入れをこめたときに使われている。

つまり「あわれ」という心のはたらきが「文芸」の中核となっている。

ここは、「ひじょうに心の奥が深いと褒《ほ》められるものだから、その褒め言葉にひかれて、さらに天然宇宙、人生の神秘を極めようとして、とうとう尼になったのだ」というところであろう。

もちろん、み仏のみる、はかなく無常なこの世のさまや、神仏の尊さといった宗教的感情についても、ひんぱんに「あわれ」と使われるようになっていった。

身体と言語の一体感について

さて、ここで最初にみた問題に戻ろう。時代とともに、「あわれ」の意味はたしかに変わってきてはいる。それを貫いている日本の心、つまり文化とは、どんなところに特徴があるのか。

ここまで見てきたように、「あわれ」は、たんに人と人、また個人の感情の現われだけでなく、人間と自然との関係、さらには大自然の仕組み、宿命について、それを超えた神や仏といったある絶対的で宗教的な対象を前にしたときの、声が発せられる寸前の感動、これらすべてに通じる気分を「あわれ」と言っている。

そこで『大日本国語辞典』のようにその用法を分析して、その使い方を追いかけてみることも必要だろう。

しかし、逆にそういうさまざまなケースで使われている言葉を貫く、もとになる感覚が重要だ。心の動きまで含めて考えてみる必要がある。

フランスでも、哲学者のメルロ＝ポンティという人が、身体と言語の一体ということを言っているが、まさに人の身体に言語が結晶してくる直前の情動、言語になる瞬間の心と身体の一体化した全体としての言葉のはたらき、それをつかまえて「あわれ」というものの本質を見たいと思うのである。

これは大変なことだ。日本人が言葉にならない、しかし、いちばん深く感動したときに「あわれ」という言葉が口をついて出てくるのはなぜかと、そこまで、さかのぼらなければならないからだ。そこには、かくれた長い歴史と文化があるからだ。

「もの」と「こと」の違いとは

ところで、「あっぱれ」、「あわれ」にくわえて、さらに「もののあわれ」という用法がひろがっていることに注目しないわけにはゆかない。じじつ、『源氏物語』を研究して本居宣長は、ついに平安貴族の生活理念の中核をなす精神は「もののあわれだ」と指摘するにいたっている。

ふつうに考えると、もの、つまり物質現象を前にして、心を動かすことのように思える。しかし、平安時代の用法をみると、「ヲカシ」「オモシロシ」という明るい気分に比べて、深く、しみじみした情感が語られることが多い。

たとえば、自然の移り変わり、これは時の流れがテーマだ。また、男女の交情についても、これも目に見えぬ心のはたらきがテーマである。私は、いわゆる「もの＝物質」ではないことについて、「もののあわれ」というのは、どうもおかしい、理屈に合わぬことだと考えていた。

ところで、私はこの謎をとく一つのカギとして、「あわれ」の上に、なぜ「もの」とつくのかということについて、おもしろい本を目にした。

民俗学者の荒木博之《あらきひろゆき》氏の著書（『やまとことばの人類学』朝日選書）で、要点を簡単に紹介すると、日本語には「もの」と「こと」という言い方の区別がある。この二つは、似ているようで、その意味するところは極めて対照的で、コントラストをなしているというのである。これはたいへんおもしろいと思う。

事例がいくつか挙げられているので紹介しよう。「人生は虚《むな》しいもの」とは言うが、「人生は虚しいこと」とは言わない。人生は物質ではなく、目にみえない経過だからだ。

またもう一つの例として、『万葉集』に、

世の中は　空《むな》しきものと知るときし　いよよますます　悲しかりけり
（巻五・七九三）

空しいものは、もちろん目には見えないし、手でさわれるようなことでもない。世の中の実相というような意味であろう。かくされた真実といってもいい。また、

紅《くれない》は　うつろふものそ　都流波美《つるはみ》の　なれにし衣《きぬ》に　なをしかめやも

（巻十八・四一〇九）


ここでも、「移ろう」という不確実ななりゆきを、ものと受けている。

他にも例はたくさんある。そもそも近ごろは「もの」というと、物質の「物」と書くが、「もの」の用法を拾っていくと、どうも物質ではない。運命的、宿命的、非物質的なものこそが、「もの」という日本語なのではないかと思われてくる。

実例で見てきたように、ものおもいとか、ものがなしいとかいうときの「もの」は、物質的なことではない、むしろ自然のなかの深い情感、言葉にならない運命を「もの」と言っているのではないかという説が成り立つ。

一方、これに対して荒木氏は「こと」になると、『万葉集』から、次の歌を挙げている。

昔より　言ひける言《こと》の　韓国《からくに》の　可良久毛《からくも》此処に　別れするかも

（巻十五・三六九五）

昔からよくいわれている言葉だが、からくにの「から」にかけて、辛くともここでお別れをするという意味で、ここでは「言」が言葉という意味であると同時に、事柄を意味している。

「ものがたり」と「ことわざ」

また荒木氏は、「もの」と「こと」の対比として「ものがたり」と「ことわざ」を挙げている。これもなかなかおもしろい。

「ものがたり」というのは、物質や出来事を語るのではなくて、むしろその出来事の背景を貫く流れ、天然自然の宿命、あるいは男女関係とか、人間と目に見えぬものとの関係といった、手でさわれない、目に見えぬ背景の事情を言っているらしい。

これに対して「ことわざ」というのは、目に見える現象や出来事として、はっきりと目に見えるかたちを取ったものを言うらしい。

さらに終助詞として、荒木氏は、「こと」には同じ物質的現象という意味が潜在的に与えられているとして、次のような例を挙げている。

「まあ、きれいなチューリップだこと」

「この宿題は、明日までにやっておくこと」

「まあ、人のいること、いること」

ここから、

もの＝原理、法則、不変性
こと＝物質性、現象性、一回性、非原則

といった相違をあきらかにしている。

私も、この説に共感を覚える。

たしかに、「あわれ」は「もののあわれ」で、運命的なひろがりを定着した。「もののあっぱれ」とはいわない。「あっぱれなことであった」というだけである。

また、「ことわざ」については、現象を言葉が指示し、そのことによって、現象を呼びさます、言葉の霊力とされている。ことばが業《わざ》＝機能を発揮する場合であろう。

整理すると、目に見えないものごとの背景にある真実が「もの」であって、目に見えた事実、現われたもの、目の前で起こった現象が「こと」だということになってくる。

そこに鳥がいるとか、見事に扇の的を射抜いたという「こと、事柄」はある。しかし、もしその「こと」によってショックを受けたのであれば、それは「ことのあわれ」となるわけだが、そういう使い方はしない。それはただの「あわれ」もしくは「あっぱれ」である。

いずれにしても「あわれ」に「もの」がついたことで、神秘的な深みが増したことは事実である。

「もののあわれ」と「色好み」とをむすぶもの

そうすると「もののあわれ」というのは、目に見えない、かたちをなさない、しかしその背景に隠れた強い感動をいうらしいということになる。

とするとまず、何よりも古代では男と女の人間関係だ。かたちに見えない、そして強い感動というと、なんといっても男と女の関係、男女のあいだの交情だからである。

『源氏物語』には、

「木の葉の音　おとなひにつけても　過ぎにしもののあはれ　取りかえしつつ　その折折」

という件《くだ》りがある。過ぎゆく男女の交情の思い出が、時と季節と、見事にとけあっている。

たしかに平安宮廷の「色好み」といった心の動きも、「もののあわれ」を説明するものとして、不思議はないことになる。

そのほか「もの」には「もののけ」にとりつかれたといった用法があり、この場合は鬼とか霊魂とか、目に見えない霊の力のことである。

「もののじょうず」ともいう。この場合の「もの」は、音楽、詩歌など、芸能の技能のことである。無形文化財というぐらいで、当然物質ではない。

「ものもうで」というのもある。これは神社、仏閣のみ魂《たま》にお詣《まい》りすることだ。

「もののあわれ」と似たものでは「もののこころ」というのもある。
「近き世界にものの心を知り、来し方行く先のことうち覚え、とやかくと、はかばかしう悟る人もなし」（『源氏物語』――「明石《あかし》」の巻）

来し方行く先、つまり、運命の行く末をどうなるものかとはっきりわかっている者もいないという意味だが、ここで「もののこころ」がわからないという使い方をしている。

人間と人間のあいだで、目に見えないもっとも強い感動が、男女のあいだで交わす情であるとしたならば、日本人の場合さらに、人間と人間を取り巻くもの、つまり自然と人間とのあいだの関係も、さらに重要な「もののあわれ」であろう。それもまた「もの」の世界なのである。

そこで人間同士の愛情、その別れの悲しさ、花の開く喜び、夏の盛りのエネルギッシュな感動、また秋が過ぎ去っていくといった四季の運行と自分とのかかわり、これら天然自然に没入した心の動きすべてを「もののあわれ」という言葉で語るようになった。

ものさびしく秋の夕暮れを惜しむ「もののあわれ」と、激しく男女が愛し合う「もののあわれ」とは、一見まるで違ったことのようにも思えるが、個人を超えたどうにもならない宿命的な大きな巡りあいという点では共通だからである。

ハイデガーは「人間は存在と存在のあいだにかけられた橋である」という言い方をしている。一点から目標に向かって弓から放たれた矢のように緊張している瞬間に人間実存が露呈する。そのとき、人間はただぼんやりと、そこに存在しているのではない。

ふだんは、生きているのか、死んでいるのかさえわからない人間が、そんな未来の目標にねらいを定めて収斂《しゅうれん》していく。そのプロセスに、過去・現在・未来をしぼりこんで意味のある、真に生きているという実感そのものがある。

そういう緊迫したものを「実存」とハイデガーは言ったわけだが、さらに広い天然宇宙の生命と深い共感に根ざした、巨いなる生命力に目覚めた心境が「もののあわれ」ということになるといってもいい。

「山桜花《やまざくらばな》」にこめた本居宣長の真意

このような天然宇宙との緊迫し、みちたりた心の状態、また男女の交情への緊張した状態、そういう高揚した心情は、後からつけ加えられたものではなく、心の底に日本人が持っているもっとも本質的な感動である。

そのような「もののあわれ」に生きているときの心の状態を外から名づければ、「大和心《やまとごころ》」「大和魂《やまとだましい》」ということになると本居宣長はいうのである。

敷島《しきしま》の　やまとごころを　人問はば　朝日ににほふ　山桜花

という有名な歌も、軍国主義の時代には、死を賛美する歌と受けとられ、今日でもその影響があるが、また一方では、山桜花というのは、ただ自然の美しさ、爽《さわ》やかさの象徴で、ごく日常的、ふつうの光景を詠ったものだという意見もある。

しかし、そこには昇る朝日に象徴された一日の運行がある。また桜の花は、やはり日本人にとっては春の象徴であると同時に、美しく散ることで四季の運行を、きわめてはっきりと印象づけるものである。

自然には四季の巡りがあり、また一日の巡りがある。そんなことを思わせる春の山桜に朝日がさしている。そのとき、いまという時のなかにあり、しかもいま一瞬の緊張のなかに目覚めている、そのような自分を自分で意識すらしない、そうした充実した生命感がみなぎっている。それを宣長は「大和心」と呼んだのである。

「あわれ」については、さすがに歴史をふりかえると、たいへん多くの日本語学者や思想家、作家がいろいろなことを語っている。

山本健吉《やまもとけんきち》という文芸評論家は、折口信夫《おりくちしのぶ》の流れをくみ、慶應義塾大学で国文学を専攻された国文学者だが、この人は「もののあわれ」というと紀貫之《きのつらゆき》が、「色好み」というと在原業平《ありわらのなりひら》が、「大和魂《やまとだましい》」というと菅原道真《すがわらのみちざね》、藤原道長《ふじわらのみちなが》が頭に浮かんでくるといっている。

しかしなんといっても「あわれ」という言葉をはっきりとつかまえて語ったのは、本居宣長だと言わなければならない。

いずれにしても「あわれ」、「もののあわれ」は、目に見えないある宿命的なものへ帰依《きえ》する深い感動に根ざしている。そこに日本人のいちばん大切な、感動の根っこがあるということだけは、たしかであろう。

「もののあわれ」と「大和魂」

ここで、本居宣長が日本人のなかに追い求めたものを、もう少しさぐってみよう。とくに宣長は、その結論として「もののあわれ」とは「大和魂」だとまでいいきっているところに、たいへん興味を惹《ひ》かれる。

ただ、本居宣長の大和魂というと、軍国主義であるとか、いわゆる戦争中の天皇絶対主義であるとか、短絡、誤解されやすい。今でも、言霊というのは政治的不合理な権力の象徴であるというように語られることがある。

しかし、戦争中の偏見はもうむしろ解き放って、もう少し正確に本居宣長、さかのぼれば新古今の歌人たち、西行法師、藤原定家、または紀貫之といった人々の語るところを素直に受けとめたい。そのためには、世界に目をくばり、比較して考える必要がある。

西欧文明も急速に変わりつつある。自然科学の技術ばかりが文明ではない。カトリック教であるとか、イスラム教であるとか、ユダヤ教、ヒンドゥ教など、宗教思想が世界を現に動かしている。

日本文化、思想もそういうものと比較しながら、動き変わるものとして考え直していいのではないか。その底には、しかし時代を通じて変わらない心がある。それがキーワードの指し示すところである。

一言でいえば、日本人が利害打算を離れて、深い感動にうたれたときに、分析的な思考以前の、根源的な存在を揺さぶられたときに発する叫びが、「あわれ」「あっぱれ」という言葉である。

いま私は「分析的な思考以前の」と述べたが、元来、日本人のものの考え方の持ちようは、分析よりもトータルにとらえようとするところにある。

中国と一線を画《かく》す、日本人の心とは

本居宣長が「もののあわれ」と「大和魂」は同じことだと言ったのは、少し意外な気がするかもしれない。「あわれ」といえば、ものがなしい気分、「大和魂」といえば勇壮な気分というイメージが定着しているからだ。

ただし本居宣長は、このことを、当時のインテリ武士階級に深い反省をこめて語っている。

というのも、当時の日本の知識階級の使っていた日本語は、いわゆる漢文の読み下し文を基本にしていた。いくら読み下しにしても、その言葉は漢音として意味を持っている。漢文のネットワーク全体というものがあり、読み下し文を使うかぎり、その全体から逃れることはできない。

つまり、中国の道教、儒教、仏教などのイデオロギーから脱することができないと言っているのである。

彼は純乎《じゅんこ》たる日本独自のものを求めた。

そうすると、中国的発想と日本的発想とは、どこが違うかを問うことになる。中国人は、言挙《ことあ》げする、分析的に論理づけて道理、倫理をあげつらう。しかし、そのために言葉にならない本当に大切なものを見失っているのではないか、と本居宣長は指摘している。

最近の欧米一辺倒論者に読ませたい批判である。

そして、おもしろいことを言っている。じつは中国思想の軸は道教だ。しかし中国では、その道が、もはや見失われている。だからこそ、あれほど道、道と言挙げして言うのだ。一方、日本は自ずからなるものがあるから、道と言わなくても道が自ずからにして生きているのだ、と述べている。

「実は道あるが故に道てふ言《こと》なく、道てふ言なけど、道ありしありけり」（『直毘霊《なおびのみたま》』）

つまり、日本には、すでに道があるから道という言葉がないのだ。道という言葉はないけれども、道はあるのだという。

道とか、道教とか、最近は中国思想もずいぶん研究が進んできているが、ふつう「道」というと、老荘のいう道教の天然宇宙の原理的世界を意味している。何か言葉にならない原理を、何とか論理化しようという志が、古代から中国にもあったわけだ。

道教は、中国の民間信仰に基づいているといわれている。しかし『論語』で知られている儒教も、最近は、孔子《こうし》が突然言い出したわけではないとする新しい説もある。むしろ祖先崇拝というような民間信仰から発する、いうなれば言葉なき言葉があったのを、はっきりと言挙げしたのが孔子だったという説である。

そういう意味では、中国で老荘の思想に言う「道」というものも、宇宙の構造を明らかにしようとしている。「道」という言葉の背景には、やはり微妙なものがある。

このことは日本でも奈良朝時代あたりから文化の底流として、中国文化の移入とともに生きていたわけである。いわゆる「唐才――からざえ」、「唐心――からごころ」である。しかし、あえてそれを本居宣長は否定するわけだ。

「学問として道を知らむとならば、まず唐心《からごころ》をきよく除き去るべし」（『玉勝間《たまかつま》』）

あまり漢学、漢詩の自慢ばかりするな。いわく言い難《がた》い「あ」というところは何だ。これは言葉もない。ないけれども道理がある。その道理とは何だ。それこそが「もののあわれ」だというのである。

では、「もののあわれ」とは

それでは「もののあわれ」とは何か。それを宣長は『古事記伝』を書く少し前に、『石上私淑言《いそのかみささめごと》』という歌論のなかで展開している。

そこで有名な〝もののあわれ論〟ということが唱えられているのである。

彼は数多くの万葉古歌から「あわれ」の使い方を抽《ひ》き出して、それを分類していくというきわめて実証主義的な手続きを踏んでいる。ついに、日本人の世界観にまでその意味を広げている立派なものである。

「もののあわれ」を一言で語っているところをみてみよう。

「大方人《おおかた》は、いかに賢《さか》しきも、心の奥を尋ぬれば、女童《おんなわらわべ》などにもことに異《こと》ならず。すべて物はかなく女々《めめ》しきところ多きもの」（巻二）

大和魂や大和心についても、これと同じようなことを述べている。

ふつう大和魂というと、われわれは勇ましいほうを連想して、とても女、子どもの女々しいものなどとは考えてもいない。これは、いったいどうしたことか。

「されどものの理《ことわり》といふものは、すべて底意もなくあやしきものにて、さらに人の心もてうかがひはかるべきものにはあらねば、しひて明《あき》らめ知らんともせず、万《よろず》のことはただ神の御《おん》はからひにうち任《まか》せて、己《おの》が賢《さか》しらをつゆまじへぬぞ、神の御国《みくに》の心ばへにはありける」（巻二）

何か神がかっていて、今日の常識からすると抵抗を感じるかもしれないが、これを近代的な思考に翻訳してみると、そんなに甘いものではないと思う。

日本には古神道、国学の流れもあれば、一方に仏教もある。ほかにも道教、儒教、陰陽道《おんみょうどう》など、中国・インドの二千年にわたる思弁哲学の成果が、それなりに全部輸入されている。翻訳もされ、学者や僧侶たちが国家の経費をかけて海外に留学して、一字一句にいたるまで注釈を加え、それについて論争までするという、ものすごいことをやっているわけである。

こうした大変な知的作業の積み重ね、文化的業績、蓄積の上に立って、本居宣長はあえて抽象を排除してやまと言葉を選び、やまと言葉の中で語っている。そのために舌足らずに聞こえるかもしれないが、その背景には漢学、仏教の全部とは言わないまでも相当の教養がある。これを勘定に入れなくてはいけないと思う。

とくに私が最近思うのは、日本の仏教というと、日本では文化として仏教を受け入れたとき、ずいぶん日本化していることである。だから仏教の立場からいえば、正しい仏教のあり方が歪《ゆが》められたという批判はあるかもしれない。

しかし日本人が自分の思想を表現するとき、つまり人間と世界との関係について、人間同士の関係について、あるいは人間を超えた絶対的なものを求めていくときは、仏教の言葉や論理を援用《えんよう》する、つまり使っているのである。

そのなかでも有名なのは、「草木国土悉皆成仏《そうもくこくどしっかいじょうぶつ》」、草も木もみな、仏になるという言葉だ。日本人の信仰はアニミズムだというようなことを言われていて、この言葉も、山でも川でも何にでも八百万《やおよろず》の神々がいるとし、原始人の信仰のように受け取られがちである。じつは日本人は、その奥に何か一つのものを見ているのである。

日本人の現実主義

よく日本人の生き方と発想は、現実追従主義、便宜《べんぎ》主義、生活的だとも言われる。そのとおりである。私は、美術などでも、たいへん現世的だと思う。宗教でもそうだ。生活密着的であることは否めない。

たとえば『古語辞典』によると、大和魂という言葉の第一の意味は、唐才《からざえ》に対して実務処理能力だとしている。赤児のような純な心というのと現実主義というのは、ずいぶん矛盾するようだが、そこに日本文化の、いうにいわれぬ本音が秘められている。

しかし、ズブズブとただ現実を受け入れているのではない。現実に仏教が入ってきたときに、物部《もののべ》氏と蘇我《そが》氏との争いがあった。仏教でも受け入れ方にいろいろある。小乗仏教から大乗仏教になるさいにも、平安から鎌倉にかけて激しい論争がある。それら異質な文化を、常に否定を繰り返しつつ、最後は日本人のものにしている。

日本人は、感性的にひじょうに厳密性を求める。肌で感じて納得するところまでいかないと受け入れない。理屈だけではだめだ。そこで有数の仏教学者は、とことん厳密に理屈で真実を追求して、ついには不可知論にまでゆきつく。

もともと人間の知には限りがあるし、言葉で表わせるものは限られている。しかし、言葉にならないことは理論ではないと西欧人は考えた。だから、わかるところまでギリギリ、ギリギリ理屈を推し進めていく。そして最後のわからないところを切り捨てる。それが、西欧の考え方である。わかったところまでは人間の世界だ、そこから先は神の世界だとしている。

ところが日本人はあきらめない。現実的だから、神さまもわかってしまいたい、言葉にならないわからないところも、わかるはずだと考えた。なぜか。

われわれは自然という神のなかにいるし、自然の一部分なのだから。だから言葉でなくてもわかりあえる共感する世界があるはずである。そこのところに本音があるのではないか。

だからといって、論議を尽くすことなく、いきなり、「あっぱれ」「あわれ」と飛び込んでいくのではない。ものの理《ことわり》、道理をつくす。しかし、「すべて底意もなくあやしきものにて」、すべて底知れずあやしく、複雑なもので、人の心は理性も含めて、うかがいはかることはできない。

道元も、「非思量《ひしりょう》底《てい》を思量せよ」、もともと考えられないところのぎりぎりを考えてみろといっている。つまり論理的に分析できないところにこそ悟りがあるとまで、いっているのである。

面授《めんじゅ》、口伝《くでん》にみる東洋的伝達方法

禅では、ご存じのように不立文字《ふりゅうもんじ》とか以心伝心《いしんでんしん》とかいわれている。いわば言葉にならない、文字に表わせないところに真実があるという。それは何か。私は共通体験だといいたい。体験の根源といっていいと思う。

そこから出てくるのが「面授《めんじゅ》」で、これは一対一で師と弟子が相伝する、伝えることだ。武道などにも秘伝というのが必ずある。あれは隠したわけではなく、言葉にならないものである。だから体験してもらうしかない。

師が弟子に最後の秘伝を教えるというのは、技術を教えるのではない。その境地を共通体験するということだ。その共通体験というのは、弟子と師匠だけでなくて、その師匠が前の師匠から受け継いだのと同じ体験、代々、師から弟子へと受け継がれつづけてきた体験と、同じ体験をすることを意味する。

禅の悟りというのも同様で、弟子は最後には師から印可《いんか》（悟りを得たという証明）を得る。禅の悟りというのは、私の思うには、弟子が印可を受けるときには、師と同じ体験をするわけである。師匠はその師匠と同じ体験をする。

そのようにさかのぼっていくと、達磨《だるま》大師に達する。さらにさかのぼると、釈迦の拈華《ねんげ》を微笑《みしよう》でこたえた迦葉《かしよう》尊者をへて、お釈迦さまの体験した悟りを共通体験できるのだということになる。こういう発想が東洋にもあるわけだ。

自然のルールの共通体験

日本人の場合は、とくに、自然というものとの体験の共有ということが、ひじょうに繊細で精密な感受性で貫かれているように思う。

だからこそ女童《おんなわらわべ》などのような繊細で純真な感受性が必要だと、本居宣長は述べているのである。

また、「万《よろず》のことはただ神の御計《おんはか》らいにうち任《まか》せて」、という「神の御計らい」についても、べつに何かお告げを待つという意味ではない。自然のルールの共通体験をするという意味だ。

そういうあらゆる人智をつくした分析、教養の積み重ねを批判的にとことん洗い出していったときに、何が残るか。何かあるはずだ。本居宣長はそう言いたかったのだろう。

それが「あ、はれ」であり「あわれ」であり、そして「もののあわれ」なのである。

この場合「もの」というのは、すでに述べたように物質ではない。日本人の場合は物質の向こう側に、精神的なもの、自然の理法そのものを見ているから、万物に共通の最終的な共通体験、共感が「もののあわれ」といえるのではないだろうか。

「もののあわれ」は、けっして静的なものではない。万物の根源的な生命に触れて、それを共通体験として生きる。それがわれわれの倫理であり、道徳であり、生きる価値観であり、生きがいである。

これこそ日本の言語のなかに今日も脈々と生きていて、究極的に力のある、言葉にならない「何か」なのである。

初出一覧

一、〈ありがとう〉ということ　NHKテレビ『現代ジャーナル――美しい日本語』「ありがとうという言葉」（平成2年8月放映）

二、〈遊び〉ということ　NHKラジオ『私の日本語辞典』「日本文化のキーワード」（第四回）

三、〈匂い〉ということ　国際香りと文化の会『VENUS』FEBRUARY, 1993, VOL.5

四、〈間〉ということ　NHKラジオ『私の日本語辞典』「日本文化のキーワード」（第三回）

五、〈道〉ということ　第四回全国生涯学習フェスティバル・まなびピア'92「道の文化シンポジウム」における講演「道について」（於仙台）。および毎日新聞掲載「書について――道の思想」（昭和57年6月22、23日付夕刊）

六、〈わび、さび〉ということ　NHKラジオ『私の日本語辞典』「日本文化のキーワード」（第二回）

七、〈あわれ〉ということ　NHKラジオ『私の日本語辞典』「日本文化のキーワード」（第一回）

本書は、前掲の講演放送文章をもとに、新たに書き直した。なおＮＨＫ小池貞子氏、同インタヴュアー和田篤氏および古屋和雄氏、以上三氏のご協力に対し、感謝の意を表するものである（著者）。

切りとり線

★読者のみなさまにお願い

この本をお読みになって、どんな感想をお持ちでしょうか。祥伝社のホームページから書評をお送りいただけたら、ありがたく存じます。今後の企画の参考にさせていただきます。また、次ページの原稿用紙を切り取り、左記まで郵送していただいても結構です。

お寄せいただいた書評は、ご了解のうえ新聞・雑誌などを通じて紹介させていただくこともあります。採用の場合は、特製図書カードを差しあげます。

なお、ご記入いただいたお名前、ご住所、ご連絡先等は、書評紹介の事前了解、謝礼のお届け以外の目的で利用することはありません。また、それらの情報を6カ月を超えて保管することもありません。

〒101－8701（お手紙は郵便番号だけで届きます）
祥伝社新書編集部
電話03（3265）2310
祥伝社ホームページ　http://www.shodensha.co.jp/bookreview/

★本書の購買動機（新聞名か雑誌名、あるいは○をつけてください）

＿＿＿＿新聞の広告を見て	＿＿＿＿誌の広告を見て	＿＿＿＿新聞の書評を見て	＿＿＿＿誌の書評を見て	書店で見かけて	知人のすすめで

★100字書評……日本文化のキーワード

名前

住所

年齢

職業

栗田　勇　くりた・いさむ

昭和4年、東京生まれ。東大仏文科卒。ロートレアモンの個人全訳（本邦初）を皮切りに、多彩な創作評論活動を展開。日本文化論の第一人者として知られる。昭和52年、『一遍上人』により芸術選奨文部大臣賞受賞。『栗田勇著作集』（全12巻、講談社）、『道元の読み方』『良寛入門』『千利休と日本人』（以上、小社刊）、『雪月花の心』（祥伝社新書）『最澄』（新潮社）、『西行から最澄へ』（岩波書店）など。

日本文化《にほんぶんか》のキーワード

七つのやまと言葉

栗田《くりた》　勇《いさむ》

2010年4月10日　初版第1刷発行

発行者……………竹内和芳

発行所……………祥伝社しょうでんしゃ

〒101-8701　東京都千代田区神田神保町3-6-5

電話　03(3265)2081(販売部)

電話　03(3265)2310(編集部)

電話　03(3265)3622(業務部)

ホームページ　http://www.shodensha.co.jp/

装丁者……………盛川和洋

印刷所……………萩原印刷

製本所……………ナショナル製本

造本には十分注意しておりますが、万一、落丁、乱丁などの不良品がありましたら、「業務部」あてにお送りください。送料小社負担にてお取り替えいたします。

Printed in Japan　ISBN978-4-396-11201-1　C0295

〈祥伝社新書〉

日本史の見方・感じ方が変わった!

038
龍馬の金策日記
維新の資金をいかにつくったか

革命には金が要《い》る。浪人に金はなし。えっ、龍馬が五〇両ネコババ？

歴史研究家 竹下倫一《ともかず》

068
江戸の躾《しつけ》と子育て

教育、遊び、子育てをめぐる「しきたり」……もうひとつの江戸文化を紹介！

作家 中江克己

101
戦国武将の「政治力」
現代政治学から読み直す

小泉純一郎と明智光秀は何か違っていたのか。武将たちのここ一番の判断力！

作家・政治史研究家 瀧澤 中《あたる》

127
江戸の下半身事情

割床《わりどこ》、鳥屋《とや》、陰間《かげま》、飯盛《めしもり》……世界に冠たるフーゾク都市「江戸」の案内書！

作家 永井義男

143
幕末志士の「政治力」
国家救済のヒントを探る

乱世を生きぬくために必要な気質とは？

作家・政治史研究家 瀧澤 中

〈祥伝社新書〉
本当の「心」と向き合う本

076
早朝坐禅　凛《りん》とした生活のすすめ
坐禅、散歩、姿勢、呼吸……のある生活。人生を深める「身体作法」入門！
宗教学者　山折哲雄

108
手塚治虫傑作選「家族」
単行本未収録の『ブッダ外伝 ルンチャイと野ブタの物語』をふくむ全一〇編！
漫画家　手塚治虫

183
般若心経入門　276文字が語る人生の知恵
永遠の名著、新装版。いま見つめなおすべき「色即是空」のこころ
松原泰道

197
釈尊のことば　法句経《ほっくきょう》入門
生前の釈尊が発した生《なま》のことばを、現代の語り部がやさしく解説！
松原泰道

188
歎異抄《たんにしょう》の謎《なぞ》　親鸞をめぐって・「私訳 歎異抄」・原文・対談・関連書一覧
親鸞は、本当は何を言いたかったのか？
五木寛之

〈祥伝社新書〉
日本人の文化教養、足りていますか?

024
仏像はここを見る
鑑賞なるほど基礎知識
仏像鑑賞の世界へようこそ。知識ゼロから読める「超」入門書!
作家 瓜生《うりゅう》 中《なか》

035
神さまと神社
日本人なら知っておきたい八百万《やおよろず》の世界
「神社」と「神宮」の違いは? いちばん知りたいことに答えてくれる本!
ノンフィクション作家 井上宏生《ひろお》

053
「日本の祭り」はここを見る
全国三〇万もあるという祭りの中から、厳選七六カ所。見どころを語り尽くす!
徳島文理大学教授 八幡和郎
シンクタンク主任研究員 西村正裕

161
《ヴィジュアル版》江戸城を歩く
都心に残る歴史を歩くカラーガイド。1~2時間が目安の全12コース!
歴史研究家 黒田 涼

134
《ヴィジュアル版》雪月花《せつげつか》の心
日本美の本質とは何か?——五四点の代表的文化財をカラー写真で紹介!
作家 栗田 勇